自閉っ子、自立への道を探る

服巻智子
HARAMAKI Tomoko

花風社

目次

自閉っ子、自立への道を探る――

どういう大人になるのかな？ 6

放っておいていいのかな？／大事なのは早期診断

自閉っ子、故郷に生きる

藤家寛子さん 23

生活のバランスを探る／作家デビューと生活上の挫折／だから支援が必要だ！／身体の問題／食べることが怖い／「体育・命」はメーワク／「やせてていいなあ」／健康な人にはわからないこと／教師からのいじめ／解離が起きたわけ／感情と身体の関係／なぜ人を殺してはいけないのか／どうやって二次障害を防ぐか／やはり人との絆は大事／一日一つずつ／自分一人じゃない／情報処理の大変さ／家族のこと／将来について／佐賀牛

藤家さんとお会いして 89

子どもの気持ちがわかるから……　風花さきさん　95

みんなも我慢してるんだろう／なぜ教師を目指したか／こんな工夫をしている／感覚過敏とコーピング／同僚との関係にはこういう工夫をしている／保護者との関係にはこういう工夫をしている／私だからできることは？／二次性障害「うつ」との闘い／診断は大きなきっかけ／人との絆はやはり大事／癒し／これからのこと／子どもたちへメッセージ／親へのメッセージ

さきさんとお会いして　160

自閉ライダー、前進！　成澤達哉さん　169

わざとじゃないのに／家族の印象／学校生活／就職を考えたとき……／手先の器用さを活かしてみようか／職場で浮いてしまったのはなぜ？／「ファジーになりなさい」／一度覚えたやり方を変えられない／

助言を求める大切さ／恨みの気持ちを清算できるか／復讐することに意味があるか／企業の論理を知っておくと便利／「社会に適応する」って？／職場での適応努力／合った仕事を選ぶ／余暇の過ごし方／将来のこと／過去を清算する／最後にメッセージ

成澤さんとお会いして　241

あとがきに代えて　今回の対談スタイルと「自己認知支援」について　250

どういう大人になるのかな？

浅見　トモコ先生、こんにちは。トモコ先生は佐賀県の「ＮＰＯ法人それいゆ」相談センター長として多くの自閉っ子支援にかかわっていらっしゃいますね。また、全国で講演活動やセミナーの講師をしていらっしゃいますね。先生の積んだ実践の経験や、英米で学んだ自閉症学は、今の日本では大変貴重ですものね。そんなトモコ先生に、私から質問があります。

服巻　なんでしょう？

今、自閉症スペクトラムの診断がついて療育を受けたり、始まったばかりの特別支援教育の場で学んでいるお子さんたちはいったい、どういう大人になるんでしょう？

うちの読者には自閉っ子の親御さんが多いわけですが、「この子は就職できるのだろうか？」「結婚できるのだろうか？」と不安に思っていらっしゃる方もたくさんいらっしゃるんです。

昔と違って最近は、子どもも大人もバンバン診断が下りるようになりましたね。特に、発達障害者支援法が施行になってから。まだまだ支援のシステムや質が整わない状況ではありますが。

未診断のまま成人した人たちは、それまでの生き難さから二次性の精神疾患を患って通院するようになり、発達障害が判明したというケースが本当に多いんですよね。時代的にそうなるしかなかったんですけれど。そういう現状下で、大人になってから診断のついた成人当事者はたくさんいるし、なんとか生き抜いて、それぞれの地域でがんばって生活している人も、実は全国各地にたくさんいるんですよ。就職、っていっても一家の大黒柱として家族を養っている人から、パートで働いている人までさまざまですが、努力を積み重ねながら社会参加している人はいるし、結婚している人も結構いますよ。花風社さんではニキ・リンコさんや藤家寛子さん、森口奈緒美さんや泉流星さんといった日本人当事者の方々の本をたくさん出されていますが、もっともっとたくさんの人の、色々なタイプの人の本を出してほしいという声は強いですね。

もちろんそういう声は、私にも届いています。自分も本を出したいんだけど、というご連絡もよくいただくんです。ただ、その多くが途中で立ち消えになってしまうんですね。

どうしてでしょう？

まず、当たり前のことですが、本を書く人は文章が上手じゃなければいけません。これは、どんな世界だってそうですよね。お客様からお金をいただく以上は、ある一定レベルのものを提供しないと礼を失するわけです。作文コンクールで優勝したって作家になれるわけじゃないし、駆けっこできる人はたくさんいてもオリンピックのマラソンランナーになれる人は一握りですよね。お金になる文章を書ける人は、あるいはそこまでトレーニングをできそうな人は、そんなたくさんはいないんですね。人にはそれぞれ適性があります。

なるほど。

それと、これもまた当たり前なんですが、私たち出版社にとって、本を出すというのは投資という側面があるんですね。上場企業には必ず株主に広報する担当がいます。つまり世間では、他人にお金を出してもらうためには「お金を出す価値があります」と証明をしなければならないわけです。そして本の企画の持ち込みの場合、それは「目次案」だったり「サンプル原稿」だったりします。ですから「書きたいんですけど……」というご連絡をいただくと「目次案、サンプル原稿を出してください」とお返事します。出版も企業である以上、こうした手続きは当然のことなんです。ただその後ご連絡がない場合が圧倒的に多い。自分の人生をえんえんと語った一本のメールだけでは、投資は決められないんですよ。でもそれ以上の材料を見せてくださらない方が圧倒的に多いんです。

なるほど。

藤家寛子さんなんかは、その点話が早かったですよ。藤家さんといえば今、トモコ先生のところで自立支援プログラムを受けていますよね。藤家さんの場合、花風社に連絡とってきたときにはすでにほぼ一冊分書き上げていたんです。その原稿と、「なぜ出したいか」のお手紙を一緒に送ってきてくださったわけですから、こちらも検討が早かったです。

それは感心ですね。ただ、やはりそこまで書ける人は多くないですよ。

人には向き不向きがありますからね。横浜付近に「ポンパドール」っていうパン屋さんがチェーン展開しているんですけど、ここの店員さんたちを見ていると、私にはできないなあと思います。パンの値段全部覚えていて、レジうちながらひとつひとつ包装して、それを最後に大きな袋に入れる、っていうのを数秒でやってしまうんです。神業《かみわざ》ですよ。ポンパドールの店員さんになれる人となれない人がいるように、本を書く人になれる人となれない人はいるはずです。

私たちが提供する支援のひとつに、就労支援があります。そのプロセスに、ジョブ・マッチングというその人に合った仕事を見出す支援があるのですが、そのためにはまず、アセスメント（評価）をしなくてはなりません。つまり、その人の持っている能力（スキル）のうち、どれとどれをどのように組み合わせたら、社会にある仕事、つまり「何かお金と対価になるもの」に発展させることができるかを見極めるお手伝いをするわけです。あわせて、本人の特性や強みなどを総合的に考えて、適職を探るんです。

たしかに、伝えたいことはあっても長い文章と構成された形で表現するのが困難な特性を持つ人たちもいるでしょうね。コミュニケーションの質的な問題を抱えている人が多いわけですから、文を書くこと、しかも本一冊という長さでの文章表現に困難を持つ人はいるでしょう。書くというのも、コミュニケーションの出力のタイプの一つで、当然向き・不向きがありますからね。でもそういう人たちも、自分達のような特性を持っている者のことを知ってもらいたいとは思っているんですよね。

そうですか。それに、そういう情報を求めている方々もいますね。冒頭に言ったように、親御さんたちも「どういう大人になるのだろう？」と心配している方が多いようですし。

子どもたちだって思ってますよ。私が支援している、本人への障害告知が済んだ子ども

たちは「自分たちはどういう大人になるのだろう？　先輩達はどうやって生き抜いたんだろう？　今、どうしているんだろう？」って知りたがることがあります。

なるほど～。そりゃそうだな。本人は気になるでしょうね！　じゃあ、こちらから旅に出ましょうか？

え？

こっちからインタビューしにいってしまいましょうよ！　先生は支援者としての立場から。私は「自閉ウォッチャー」的な立場から。それで

1　何に困難を感じていたのか
2　今思い出してみて、周囲に何を望んでいたか
3　生活していく上でどういう工夫を重ねているか
4　仕事を見つけ、維持するためにどういう努力がいるか
5　精神的な安定を保つためにしている工夫
6　家族についての思い

やなんかを聞き出してみませんか？　成功例を讃える、という視点ではなく、これからの自閉っ子支援のニーズを割り出すという視点で、色々お話を聞いてみませんか？

いいですね！　行きましょう！　旅に出ましょう！　全国行脚。こりゃあ、楽しくなりそうですね。

放っておいていいのかな？

成功例を讃えるという視点ではなく、ってどうしてわざわざ言ったかというとですね、私が仕事で出会う親御さんの中にはやはり「放っておいてもどうにかなるんじゃないか」「ニキさんみたいに本出せる人もいるじゃないか」って思いがちな方もいるからなんです。まあ障害受容の面も絡んで、親の心情としてはわからないでもないんですが。とくに知的面、言語面での遅れを伴わないお子さんの親御さんの場合ですね。

　でも私なんて、ニキさんたちの日々の大変さを間近にみているじゃないですか。だから「たしかにニキさんたちは本を出すことには成功したけれど、私たち定型発達の人間がしなくていい苦労をしていることはたしかである」って思えちゃうんですよね。トモコ先生はどう思われます？

「放っておいてもどうにかなるんじゃないか」っていう親御さんの思い。

放っておいてはだめですよ！　中には、相当難しくなっている人もいますしね。それに、試行錯誤の末社会参加までたどりついた人の中にも「もっと早く教えてほしかった。知っていたかった」と言っている人も結構います。「それいゆ」に通ってきている人たちも、自分が他の子達と「何か違うな」と感じたのは四〜五歳の頃だ、という報告が圧倒的に多いのです。その頃から何かしら苦労してきたわけです。なのにその理由がわからなかったし、自分が悪い子だからなんだと思い込んでいく子もたくさんいます。定型発達のお子さんが自然に学んでいくことでも、はっきりとていねいに細かいことまで教えないとわからないことが多いですし。それに小さなことであっても、様々な誤認を積み重ねていくでしょう。

そうそう！　ニキさんもよく「小さい誤解の積み重ねが大きな問題につながる」なんて言います。自閉っ子の方たちは、「おおこんな風に思ってたのかあ〜！」とびっくりするような誤解をしていることがありますよね。お子さんたちも。いや、大人になっても。

そう。それを、そのときそのとき、一つ一つていねいに正しく教えたり修正したりしてあげる必要があります。それにセルフ・エスティーム（自尊心）と自己評価の問題。セルフ・エ

スティームを下げないような育て方をしなければいけません。多くの子が「みんなわかっているのに自分だけわからなかったり出来なかったりするのは、自分が悪い子だからなんだ。生きていく資格がないんだ」と自分を責めるようになることが多いのです。

でも一方で、誤認が原因となって過大な自己評価を持ってしまうこともあるんですよ。そうすると、身の丈にあった生活の確立に結びつかないんです。自分が他者から見てどう見えているか、社会の中での自分がどういう位置にいるか、わからなくなることがあります。社会の中で、何を活かして、どの範囲で生きていけばいいのかわからなくなってしまうんです。そういう成人当事者には、「自己認知支援」をしています。自分自身のありのままの姿、そして、他者との関係における自分や、社会の中の自分を正しくとらえるためのカウンセリングです。

なるほど。そう言えば企画持ち込んでくる人でも、ちょっと「文章を直して」ってお願いすると「小さいころ作文をほめられた自分の文章を直すとは何事だ！」と怒ってしまう方もいます。するとこっちとしては「ぽか〜ん」となってしまうんです。商品としての文章は、そんなレベルじゃだめなのに。甲子園出たって、プロ野球選手にはなれない球児の方が多いのにね。まあそこで、企画は立ち消えになるわけですが。低すぎる自己評価も、高すぎる自己評価も、同じように社会参加の機会を奪うわけですね。でも、自己評価の問題と同じように社会参加を阻んでいるのは、身体の問題だという気がします。

そうなんですよ！　身体の問題と言えば、私も彼らの体力のなさと疲れやすさは、強く訴えてきた一人です。しかも、ほとんど文献がないでしょう？　身体の問題は。『自閉っ子、こういう風にできてます！』以外、どこにも書いていないから信じてもらえない、と嘆いている成人当事者もいるんです。自閉についてなんて、まだまだわかっていないことも多いのだから、本に書いていないけど真実、っていうことだってたくさんあるはずなのに。支援する側が、それをわからないといけないんですけどね。

でも、私はたくさんの子どもから大人までのＡＳＤ（自閉症スペクトラム）当事者と接してきてますので、臨床的に知っています。大体、中学生くらいから発現しているようです。早い子で小学校中学年くらいからです。小さい頃はぶきっちょなだけだと思われていることも多いようです。

そのために学校でうとまれたりしますよね。健康なのに、病院で見ると悪いところがないのにだらだらしている、とかって。妙に精神論で根性たたき直すぞ、みたいなことになってしまったり。私だって知らなかったら「とろいなあ」「うっとうしいなあ」なんて思ってしまったかもしれない。

本当に体力のなさ、しかもその一貫性のなさには、周りは振り回される面があります。やれる時もある、となると、周りは頭にきて怒ることもあるのです。

季節によって天候も違うし、日によって天気も違うし、体調によっても違うし、とても体調が「日替わり」な印象を受けます。もちろん定型発達の人だって、とくに女性の場合一ヶ月の間にホルモンの波もあるわけだけど、そういうのがとても極端になった感じですよね。そのせいで同じことができるときとできないときがあるというのは、なかなか理解されにくいでしょうね。それに、やはりこれだけ波があると定職には就きにくいですよね。ニキさんは私と同じで都会育ちですが、ニキさんが満員電車で通勤する姿はちょっと想像しにくい。

大事なのは早期診断

たしかに、しにくいですね。

自閉症スペクトラムはすでに一九六〇年代から、脳の情報処理の不全がその本態だといわれています。つまり、この説が支持されてから、もう長い時間が経っているのです。脳内の情報処理や物質移動の不全による機能不全があれば、結果的に「社会性の発達の質的な問題」や「コミュニケーションの質的な問題」を発現させせます。そして一方で、クラムジネス（身体の動きの不器用さ）や感覚の特異性をも発現させてしまうわけです。

ですから、身体の問題、特に疲労の特異性や身体症状だって起こり得るんだ、ということは、アメリカの研究者と議論した時には、みんな納得していましたし、実際、身体の動きについては早期発見のメジャーな研究ポイントになってきているほどです。

身体の動きを見れば、乳児のころから自閉症が見抜けるかもしれないということですね。すごいですね。そこまで研究は進んでいるんですね。それだけ、早期診断が重視されているということですね。

そうです。それに、感覚の特異性の問題にも注意を払わなくてはなりませんね。一つ一つの特異な様態には個人差がありますが、身体の問題と同時に生活上の大きな困難となっているのは、なんといっても感覚の特異性でしょう。これについては、ＡＳＤの子ども達によく見られる「耳をふさぐ」等の行動への注目に始まって、一九五〇年代頃から、英語圏ではよく研究されてきました。そしてその後、ドナ・ウィリアムズ、ウェンディ・ローソン、グニラ・ガーランドといった自閉当事者の自叙伝によっても、詳しく知られることとなりました。自閉症支援の実践面では、アメリカが世界のトップクラスですが、イギリスを中心とするヨーロッパの自閉症支援現場の方が、感覚の特異性への認識が高いという印象があります。イギリスやデンマークでは、

感覚の特異性に配慮するのは自閉症支援のあり方として、構造化と同様に当然の「支援の柱」となっていますね。こうした成人の「説明してくれる人たち」から専門家が学んできた部分であるわけですが、一般人にとっては、その感覚的な苦しさについて共感しあうのはなかなか難しい部分でもあります。

いや、難しいですね。人はそれぞれ一個しか身体をもっていないので。

だから、定型発達の者にはＡＳＤの人たちの感覚が想像もできないですね。同じ空間にいて、定型発達の者は心地良く感じていても、ＡＳＤの人は耐えがたい苦痛を覚えているという場合もあるわけですからね。少数派であるＡＳＤの人がそれを伝えようとすると、一方的に「わがまま」と決めつけられやすいのです。この部分は、身体の問題で「できにくい」というのが「わがまま」とか「サボっている」ととられがちなのと同様な、理解してもらいにくい障害特性といえると思いますね。多くの当事者達や親御さんから、「意を決して相談に行ったのに、身体の問題や感覚の問題を訴えると、『そんなことは本に書いてないから』と取り合ってもらえなかった。診断につながらなかった」という相談メールをいただいたこともありました。

感覚に特異性がある、だから結果的に社会参加できていない、っていう人も多いですが、

働きたい気持ちは持っているし、働けない自分に歯がゆさを感じている方が多いですよね。知的障害が伴わない場合年金は出にくいし、そういう制度の不備を指摘する声も高いけど、一方で働けていない成人当事者は年金ほしいというより働きたいと思っている印象があるんですが。

トモコ先生はどう思いますか？　今働けていない人に必要なのは年金なんでしょうか？　それともジョブ・コーチや就職支援等の支援制度なんでしょうか？

年金かジョブ・コーチか、ゼロか一か、という選択肢にはなりにくい、そうならない方が良いのかも、と思ってるんです。たとえばワークシェアリングのようなかたちで働けるのならその範囲で働いて、足りない分を別の方法で補うとか、そういう選択ができるようになってほしいですね。でもそれを見極めるには、尺度が必要です。その人の特性を、正確に見極めなくてはなりません。

そういうことをきちんと考えている当事者の方はいますか？　いらっしゃったら話が聞きたいんですが。

あはは、そういうことをきちんと考えている当事者がいるか、という前に、そういうことをきちんと考えている支援者もいるかどうかということも問題ではありますけど（苦笑）。

たしかに。

実は、NPO法人それいゆでは二〇〇六年二月に、日本で初めて当事者のための集会「オーティズム・リトリート・ジャパン」を開きました。ニキさんのご提案もあり、そろそろ日本でもこういう大会があってもいいのじゃないかという話になりまして。つまり、当事者が当事者のために発信する大会。その大会では、すでに成人していて地域での生活を苦労しながらも生き抜いている当事者達に、当事者のため、また、その家族の人たちのために、自分自身の工夫について話してもらうという企画でした。それで、私がふだんから連絡を取り合っている全国の成人達に集まっていただいたんです。

すばらしい企画ですね。これまで注目されてこなかった身体等の問題にも光が当たりそうですね。そういう大会が、発展していくといいですね。

つらかったろうなあ

身体の問題といえば、藤家さんに話を聞いてみるというのはどうでしょう？

藤家さんには、ぜひ話を聞きたいですね。『他の誰かになりたかった』を読んだときには「ふ～ん」ですませていたエピソードが、後に彼女と一緒に行動することが増えると、「大変だったろうなあ」「つらかったろうなあ」とつくづく思えてきてしまうんですよ。

藤家さんは本当に身体が大変そうですね。でも、自閉の方だからハイパーりちぎに物事に取り組んだし、自分に苦手なことでも周りに「なせばなる」って言われると真に受けてがんばった。本当にがんばりやなんですよね。そして、がんばりやだから解離して、別の人格をこしらえてまで期待に応えていたのかと思うと、本当に健気だし、率直に言って「可哀想だったなあ」と思ってしまうんです。本を出してからも、色々あったし……。私にとっては妹のような存在で、いつも気になってます。

本当ですよねぇ。そこまで苦しまなくてはならないほどに追い込まれてしまっていたわけですが、周囲にはまったくそれはわからなかったのですからねぇ。本当に気の毒でした。

それじゃあ浅見さん、まず佐賀にいらっしゃいませんか？　藤家さんに話を聞くところから始めませんか？

そうしましょう！　佐賀はおいしいものが多いんですってね。藤家さんは食べることに

あまり興味がないから、彼女からは佐賀の食べ物の話をあまり聞かないんですが、他の方からおいしいものの多い土地だと聞きまして、食いしん坊の私としては一度行ってみたかったんです。

そうなんですよ！　ぜひ佐賀に来て下さい！　いいところですよ〜。

自閉っ子、故郷に生きる

藤家寛子さん（大学生・作家）と語る

生活のバランスを探る

浅見　こんにちは！　藤家さん。あああ、元気そうですねえ。ほっぺが丸くなりましたね。顔色もいいし。よかった、よかった。ご飯、食べられてますか？

藤家　最近すごく食べるんですよ！　以前は食べられなかった海産物とかも食べられるようになりました。浅見さんきっと、私と今食事したらびっくりしますよ！「フジイエ、こんなに食べるのかあああああ！」って。

浅見　去年（二〇〇五年）の春頃でしたか、私が九州に来たとき、藤家さんは会いに来てくれました。ホテルのロビーで待っていたら、杖にすがりつきながら倒れそうに入ってきた人がいて、それが藤家さんでした。ほっぺもげっそりしていて、顔も青白くて、精神的にも落ち込んでいたみたいだったし、正直「死んじゃうんじゃないか」と思ったんですよ。

あれでもあのときは、いちばん落ち込んでいたときよりもマシでした。私は一六五、六センチ身長がありますが、最低落ち込んだときは三十六キロまで痩せました。あのころは三十七キロくらいまで戻っていましたから。

そうですか。でもまあ、どう見ても元気そうには見えませんでしたよ。地元で小さいころからつらい思いをしてきたからでしょうけど、さかんに都会に出たがっていたけれども、まず少なくともあの状態で、なれない土地での一人暮らしは無理だと思いました。そして、せっかく佐賀県に生まれたのだから「ＮＰＯ法人それいゆ」に連絡をとってみたら、ということでトモコ先生にご連絡をとったのが始まりでしたね。

服巻 そうですね。それで担当のケースワーカーも決めて、「自立支援プログラム」を組みました。つらい思い出も多い地元からちょっと離れて、でもご両親とはつかずはなれずの距離ということで佐賀市内で一人暮らしをしていただいて、今、生活のバランスをとるトレーニングをしているところですよね。

作家デビューと生活上の挫折

藤家さんは二〇〇三年の秋頃花風社に、後に『他の誰かになりたかった』になる原稿を持ち込んでくれました。それが翌四月に本になって、そのあと何回か上京してくれましたね。従姉さんから家事面等での支援を受けながら、東京での一人暮らしを少しずつエンジョイして、自閉っ子のお母様方の前で講演をしたり、マスコミの取材を受けたりしました。ニキさんとも会って三人でおしゃべりして、それを『自閉っ子、こういう風にできてます！』として出版もしましたね。自閉の内側を知りたいというニーズにうまく応えられるかたちができてきて、そしてだんだん、首都圏で一人暮らしをしたいという願望を抱くようになったんですよね。

そうです。

だけど私たちは、心配したんですよ。一人暮らし大丈夫かな、って。

そうですか。

ええ。一人暮らししていくには、最低限の家事はこなさなきゃいけないでしょう。食事だって作らなきゃいけない。でもふだんの姿を見ていて、疲れやすいのを知っていたし、食べるのを「嫌っている」感じがしたから、疲れたら食べるのをやめてしまうんじゃないか、と思って。大丈夫かな、と思ってました。その悪い予感が当たってしまいましたね。全然食べなくなると精神面にも良くないし、体調も崩れて、ご両親に迎えにきていただきましたね。

今、私は通信制の大学生ですが、以前は九州の全日制の大学に通っていました。やはり体調が悪くなって中退したんですが。でもそのときも一人暮らしで、なんとかやれていたんです。学生のたくさん住んでいるところだったので、ニンジンとかも一人分を切り売りしていたんですね。そうやって切ってあると、なんとか料理できるんです。でも横浜で私が住んだところはファミリーの住む町だったし、全部ファミリーサイズで売っていました。そうすると、「これをどうやって使い切ったらいいんだろう」と悩んでしまって。やがて面倒くさくなって。残らないように買えばいいとあとからわかったんだけど、そのときは思いつきませんでした。そして「残ったらどうすればいいんだろう?」と集中して考えていると頭がこんがらがって面倒くさくなって、白湯《さゆ》だけ飲むようになって、食べるのを放棄するようになりました。砂漠で遭難しているみたいな状態になって……。水分だけで命をつないでいたんです。
『自閉っ子、こういう風にできてます!』にも書きましたが、食べることに根本的に興味がありません。母に「今夜、何食べたい？」ときかれても思いつきません。それと同じように、何食べていいかわからないので食べるのをやめていました。

食べるのに興味がない↓食べるのをやめる。食いしん坊の私には信じられませんよ。それはそうとたしかに、藤家さんが住むことにした横浜の町はファミリーの住む所でしたね。物件や場所を選ぶときにも、地元の私たちにもなんの相談もなく、ネットで探して決めていたし、そもそも下見とかしなかったでしょう？　後で横浜の自閉症児・者を支援している方たちにも「どうして事前に相談してくれなかったんだろう」と言われたんですが、私も、感覚過敏を抱えている藤家さんなのに物件選びが安直かな、という印象を持ちました。そもそも、どうして横浜のファミリーサイズの町に住むことにしたのですか？

私は朝がすごく弱いです。お布団の中で目が覚めても、何時間かしないと起きあがれません。そうして起きあがるとちょうどワイドショーをやっていて、優雅な奥様たちが住んでいる町の名前とかが耳に入ってきました。その人たちは皆健康そうで、町の治安も悪くなさそうで、だから地名を聞いたことのあるそういうところを選んだんです。

たしかに藤家さんの選んだ町の治安は悪くないから、私もその点は安心していました。

でも駅から藤家さんの住んでいたところまで歩いたとき、微妙な坂に気づきました。息を切らすほどのきつい坂ではないけれど、疲れると歩くのも自然にできなくなって「右・左・右・左」と言い聞かせながら歩かなければいけない藤家さんが、スーパーで買った荷物を手に持ってこの坂を行き来するのはきついのではないかと思ったんです。
　私は自閉の方たちが、気づかないうちに微妙な疲労をじわじわ貯めていて、ある日ばたっと倒れるのに気づいていました。だから、この坂は大丈夫だろうかと心配でした。自閉の方が物件選びをするときには、お買い物スポットから家までの道にどれくらい起伏があるかとか、そういうことにも気をつけなきゃいけないんじゃないかと思ったんです。

　私は脚が悪いんですけど、スロープがいちばんきついんですよ。階段の方がよほど楽なんです。

　そうなんですか。こういうのは訊いてみないと、わからないですよね。ふつう「バリアフリー」っていうと、階段をスロープにするという発想をしますよね。

　最初は、中野区に固執してたでしょう？　私。一ヶ月試しに上京したときも、中野にマンスリーマンションを借りました。

そうでしたね。どうして中野区？

テレビで『銭金』とか見ていて、「中野区は貧乏な人が住むところ」と思ったんです。ということは、庶民的で暮らしやすそうだな、と。

中野区は新宿に近くて色々な場所に行きやすくて、その割には家賃が値頃だから人気があるんではないでしょうか。でも、中野区にもお金持ちは住んでいますよ。

そうなんです。でも「中野区は都会に憧れて、貧乏しながらでも都会にいたい人が住んでいる」という情報を得る前に『銭金』を見ていたので、「中野区＝貧乏人」と思ってしまったんです。で、貧乏人っていうのは田舎に住んでいると思って……。

それもまた極端ですね。田舎にもお金持ちは住んでいますよ。やっぱりなんでも「一対一対応」で理解しているんですね。それも自閉っ子の特徴ですよね。

そうなんです。でも私が住んでいたところから、新宿の東京都庁が見えたんですよ。

見えるでしょうね、中野からなら。あれだけ大きい建物だし。

でもびっくりしてしまって。「なんで中野なのに新宿の都庁が見えるんだ！」って。「都庁が見えるっていうことは、ここはもしかして都会？」とか焦って。

わはははは（爆笑）！

で、芸術系の大学に通っている友だちに「中野って貧乏人が住むところだよね？ だから田舎だよね？ じゃあなんで都庁が見えるの？」って訊いたんです。そうしたら「中野区は都会に憧れて、たとえ貧乏しても都会に住みたい人が住むところだから、田舎じゃないと思うよ」と言われて、びっくりしました。で、焦って、横浜に引っ越すことにしたんです。横浜が都会だとはわかるんですが、講演とかに行ったとき、意外と緑が多いことに気がついて。

誤った前提、というか「俺ルール」（ⓒニキ・リンコ）が重なってますね。

1　中野区＝貧乏人が住むところ

2　貧乏人が住むところ＝田舎

だけど田舎から都庁は見えないはずだから、藤家さんは世界がひっくり返るような衝撃をうけたんでしょうね。

ちなみに

1　横浜＝緑が多い

も必ずしも正しくないです。横浜は広いですから、緑が多いところも少ないところもありますよ。住宅街は比較的緑が多いと思うけど。そういうところは微妙にスロープがあって、ファミリーサイズの野菜を売っているかもしれない。

自分が家族とかあまり意識したことがなかったので、住宅街というと「家族」が住んでいることに気づきませんでした。ずっと一人暮らしだったし。

『他の誰かになりたかった』の最初の原稿を読んだとき、「家族と一緒に暮らしていない」と書いてあって、よそに預けられたのかな、と思ったんですよ。で、家の間取り図まで描いてもらったじゃないですか。その結果出した結論は「なんだ、家族と一緒に暮らしてきたんじゃん」。藤家さんのおうちも立派なファミリーだったんですよ。でも藤家さんの意識の上では家族とは別に暮らしていたんですよね。

我が家に「下宿」している感じでした。だから、住宅街がファミリーの集まりで、小さなネットワークを築いていることに気がついたとき、「しまった、こっちの路線に来るんじゃなかった」と思いました。

だから支援が必要だ！

トモコ先生、どうですか。これまでのお話を聞いても、自閉っ子が身辺自立を図るときの課題が見えてくると思うんですが。

1　独立に必要な体力の問題
2　住む場所・物件等の選択の問題

とくに2の場合など、周囲が補ってあげなければいけない情報が、定型発達の人たちより多いのではないでしょうか。

実家から独立してここ（佐賀市）に住み始めてからもいろいろありましたものね。寛子さんも今はもう、自分の情報の取得の仕方が偏っていることは学んだでしょう？「こうにちがいない！」と思いこんだことが、本当にそうなのか、つねに確認する習慣を持つことが必要なんですね。それはほとんどのＡＳＤ者（自閉症スペクトラムの人々）に言える事です。寛子さんは、

今はケースワーカーと、そのことを学んでいるところですよね。

あのころはまだ、世の中はシナリオ通りに動いていると思っていたので……。

だから、「こうこうですよ」と言われても、そういう情報が自分の決定に必要なことだということには気づかなかったんですね。決定するのに確認作業が必要だということにも気づかなかったんですね。

はい。

なるほど。シナリオで動かされているという世界観を持っていたら、自分で情報を仕入れて決定すること自体、思いつかないんですね。傍で見ている私たちにとってそれは「よく考えずに行動している」ように見えてしまっていました。

それも、自分がキャッチできた範囲の情報と、自分に見える範囲のシナリオでしたものね。見えない舞台裏を想像することも難しかったんだものね。

身体の問題

ところで身体の問題について訊きたいんですが、私は寛子さんがものすごく食べられなくなった時期は見たことがないんですよね。その、立っているのがやっとだったという時期は。

横浜から戻ってきたときに、体重が最低限まで落ち込んでいました。そのときは入院しなかったけど、代わりに引きこもっていました。

そのころはまだ、世の中はシナリオ通りに動かされているんだと思っていた時期でした。それで、私がこうやって家に戻ってきたのはなんだかとんでもないＮＧをやってしまったからで、「撮り直し」なんだと思ったんです。『自閉っ子、こういう風にできてます！』を作るためにニキさん、浅見さんとお話したとき、「世の中はシナリオ通りに動いていると思っていた」と話しましたよね。あの場ではそういう世界観は過去のもののように話しましたが、実はまだ世界はそういうものだと信じていたようです。だから、「ニキさん、浅見さんに秘密を話してしまった〜」と罪悪感を感じていたのです。やせてしまったのも、（同じようにやせていた）高校時代からやり直しなんだ、ととらえました。そういうストレスでますます食べられなくなるし、そうすると胃が小さくなって、食べても吐いてしまいました。

お母様のお話だと、そのころ近所で工事があったそうですね。その音に耐えられなくなって、ますます食べられなくなったんでしょう?

それで、入院しました。一日必要なものの採れる栄養剤を処方してもらって、ようやく食べられるようになりました。

食べる体力までなくしていたんですね!

食べることが怖い

以前藤家さんが寄せてくださった文章を、それいゆの講演会で発表したことがあります。そのとき「噛むのにも体力がいる。疲れると噛むことさえできなくなる」と藤家さんが書いたのを皆さんが聞いて、思いもよらなかったことだと、とてもびっくりしていたんですよ。

あごが弱かったんですけど、最近は、固いものも食べられるようになってきたんです。内科のお医者様が、噛む場所の筋肉が発達したんじゃないかとおっしゃってました。

噛むのにも体力がいるという自覚は、中学生、高校生、大学生の時代はありましたか？振り返らせて、ごめんなさいね。

振り返ってみると、「なんでみんな楽しそうにご飯食べているんだろう」と不思議には思っていました。

それはいつ頃から？

幼稚園のころからです。

そんなに早くから！

お弁当の時間がありましたから。みんなは話しながら食べるけれども、私にはそれができませんでした。だから、すごくおとなしい子だと思われていたみたいです。小学校一年のときの先生がけっこう嫌な先生で、給食食べられないと掃除時間に食べさせられるんです。で、拒否してたらお箸で口の前まで持ってこられて……。食べるって、ただでさえ体力使うのに怖いことになってしまったんですね。「食べる＝試練」になってしまったんです。

そんなことされたんですか。なら、怖いことになってしまいましたね、食べることが。

はい。班で食べていると、友だちが話しかけてくれるんですが、私は食べながらしゃべれないんです。それで「あんまり話さないんだね」とか言われて、「ご飯を食べながらのしゃべり方がわからない」とか言うと「何言ってんのこいつ？」みたいな反応が返ってきて。「よく噛めない」とか言っても「意味不明～」っていう感じで。私にしてみたら、どうしてみんな楽しそうに食べながら話せるのかが不思議でした。

イッキ飲みとかも、私にはできませんでした。でも男子の間でイッキ飲みが流行った時期があって、ごくごくって飲んでいるのを見ると、もう見ているだけで息が詰まりそうで、怖くて怖くて仕方なくて、気分が悪くなりました。がやがやとうるさかったし、給食の時間に気分が悪くなって倒れて運ばれることも多かったです。

あと先生が日ごとに違う班と一緒に食事をしていました。先生としては、楽しく話すことが目的だと思うんですが、私はそれに応えようと、もぐもぐ急いで噛んでは先生の話を聞いていました。でも話しながらだとどうしても食べる手が止まってしまいます。そうすると先生は「藤家、なんで食べないんだ」っていうことになって……。

すごい負担でしたね。「なんで食べないんだ」の他にも「早く食べろ」とか言われませんでした？

言われました。時間内に食べろとか。

好き嫌いはありましたか。

好き嫌いは多かったです。

私も小学校の先生だったでしょう。やはりその日ごとに違う班に行って一緒に食事をしましたよ。楽しく話すのも目的かもしれないけど、子ども一人一人を深く知るいい機会だともとらえていましたね、給食を班で食べるのは。何しろふだんは、一対四十だから。そして児童のことを深く知る、こっちのことも身近に感じてもらうというのは、やはり会話を通してなのね。楽しい会話を通して。となると、そういう場で楽しくなさそうな子は教師として気になると思うんです。どうしてもかまいたくなると思うんです。藤家さん、かまわれませんでしたか？

かまわれました。一年生のときの先生は鬼のようでした。とにかく全部食べろ、と。二年生では保母さんみたいな優しい先生に当たりましたけど。私は、フルーツのような柔らかいものなら食べられたんですね。主食は食べられないのにデザートだけ食べるみたいに思われていたんですけど、その先生は主食を少なめによそってくれました。

私にとって給食を食べるのは勝負事だったから、「よし、よそってもらっただけは食べるぞ」と思って、それだけは食べられるようになりました。

勝負事？

仲のいい友だちに、「なんで食べられないの？」と訊かれたんです。それで「キツイ」と答えたら「カッチョワルイ」と言われました。子どもだから、深く考えないで言ったんでしょうけど。でもそれを聞いてかちんときて「それなら食べてやるよ！」と思って、よそわれた分だけは食べられるようになりました。でもコッペパンの日になると、あれを噛む体力がなくて……。

たしかにコッペパンはボソボソしてますよね。藤家さんには噛むのがつらかったんでしょうね。

でも一年生のときはそれも全部食べなきゃいけないと言われました。

それはきついですよね。給食の量は六年生と一緒ですもんね。

はい。でも二年生のときの優しい先生は、コッペパンの日は持って帰っていいよって言ってくれました。

二年生以外の先生はどうでしたか？

あとはもう、とにかく食べろって言われました。

「体育・命」はメーワク

中学校はどうでしたか？

少年院みたいでした。

少年院？　管理教育っていうこと？

いや、藤家さんが通った中学校はその時代、荒れていたんですよね。

荒れているって？

校内暴力とか。あまりに荒れていて、給食があるということさえ意識できなくなりました。あまりに具合が悪かったので、保健室で食べていいということになったんですが、そこには他にも教室にいられない子たちが集まっていて、保健室でもいじめに合って外に出されて一人で食べていました。

先生は、見て見ぬふり？

保健室に集まっていた子たちは、家庭になんらかの問題があった子とかも多かったんです。学校が荒れていると、先生たちもそういう子を面倒みるのが精一杯で、「藤家さんは落ちこぼれてここに来ているんじゃないから。いつでも帰ろうと思えば帰れる人だから」と言われ、先生からもいじめを受けていました。学校が荒れていると、先生たちもいじめられている子にまで配慮ができないんです。

それに学校が選べないんですよね、人口が少ない地方では。

じゃあ小学校でも中学校でも、勉強以外に「食べること」が大きな仕事になってしまっていたんですね。ところで、運動の方はどうでした？

三年生になると「団体縄跳び」が始まるんです。「ひゅん・ひゅん・ひゅん・ひゅん」って縄が回る中を一人ずつ飛んで抜けなきゃいけなくて。

あれ、『他の誰かになりたかった』にも書いてありましたけど、こわかったでしょうね。

三、四年生のときの先生が、とにかく「体育・命」の人だったんです。

よくそんな先生のことを耳にしますが、子どもにとっては迷惑な話ですよね。

一人ずつ抜けるから、私が飛び込んでいかないとそこで止まっちゃうんです。だから友だちや先生に「ぼん」とか後ろから押し出されたりしたんですが、身体が固まってしまって、縄がまきついてしまったりしました。そうするとブーイングが起こります。

『他の誰かになりたかった』の原稿をもらったあと、藤家さんの実際にお会いして、日常の動作にも苦労している姿を目にしました。見た目は普通なのにね。一緒に街を歩いたりする機会もありましたよね。そうすると「自分の身体がどこからどこまでかわからない」という状態でいかに街を歩くのが怖いかとか、わかってくるんです。それで、「怖い思いをして生きてきたんだなあ」と。

縄は新品のときより、練習を繰り返したあとの方がひきしまります。それが当たったりすると、全身傷だらけでした。

ジェットコースターも怖かったって書いてあったでしょう。私もジェットコースター怖いんです。中学生の時富士急ハイランドですごいのに乗って、あれ以来一生乗るまいと決心して乗っていません。だから藤家さんの原稿読んだときも「そうだよね〜。怖いよね、ジェットコースター」とか思っていたんですけど、そのあと一緒に行動するようになって、レベルの違う恐怖感を感じていたんだなと思いました。だって藤家さん、普通の乗用車に乗っているときでさえ「むき出しで走っている感じがする」とおびえているから。ジェットコースターなんか、さぞ怖いだろうと思って。でも、遠足のとき無理矢理乗ることになったんですよね？

先生たちはとりあえず「落ち着いているから」とか言って私を班長に選ぶんです。

中身は混乱していたのにね。

はい。それで遠足の時は、「班長が一緒じゃなきゃ行動しちゃいけない」というへんてこな規則があって、無理矢理連れて行かれたんです。で、怖くて怖くて仕方なくて、半狂乱になって「怖い」と言っていたら、「ぶりっこしてるんじゃないわよ」とか言われました。でもぶりっこで膝が笑うでしょうか。

高校になっても身体のことでいじめられたんですけど、だんだん感覚が麻痺してきました。

「やせてていいなあ」

身体のことでいじめられたんですか？

身体のことがほとんどです。

たとえば？

不健康なこととか。あと、クラス対抗戦とかも自分は出られなかったから、精一杯応援しようとしていたんです。でも結構みんな青春しているころだから、決勝まで行って負けると泣いたりするんですね。で、私にはなんで泣いているのか本当にわからないから「大丈夫？」とか訊くと「あんたは体育休んでばかりで出られないんだからこの気持ちわからないでしょう」とか言われました。たまにがんばってバスケとかやると鼻血が出てきたり、めまいがして倒れて運ばれることになったりして、そうすると「身体弱いくせに張り切るんじゃないよ」とか言われて。どこの国に行っても丈夫な人は身体が弱い人をいじめるのかなあ、と思っていました。

できる人ができない人をいじめるというのに似た構図だったんでしょうね。自分が他の人と同じようにできないことについてはどういう印象というか、思いがありましたか？

やっぱり罪悪感ですね。どうしてこんなにできないんだろう、すごいヘタレなんだ私、って思ってました。まだ意思の力でなんとかできると思ってたので。

指導者としては、藤家さんはとても気になる存在だったと思うんですよ。食べることにそれだけ困難があって、身体が丈夫じゃなくて運動の点でも気になるし、でもトータルに見れば勉強もよくできるし反抗するわけじゃないし、見たところ態度は落ち着いているし……。そのアンバランスさが教師としてはとても気になって当然だと思うのですが。

それが先生の過保護っていうのになってしまい、勉強とかは心配ないけど身体が弱すぎると言われて、体育も今日は見学にしとけとか先生から言われるようになりました。そうすると「藤家さんだけ特別扱いでずるい」と、それがまたいじめの原因になりました。

それは当然そうなるでしょうね。

それで友だちがいなくなりました。中学時代は闇でした。

高校に行ったら「勉強しよう！」とか思って、歴史の先生のところとかに「添削してください」なんて自分から行くようになりました。そうすると「この人勉強はがんばっているのに体育とかは全然さぼるよね」という話になりました。そのころパニック発作とかもあって、体調がすごく悪く、体育も見学が多かったのです。体育祭も、一度も出られませんでした。そうすると、それをおもしろおかしく言う人もたくさん出てきました。

おもしろおかしくって？

私がご飯食べられないとか、いつも倒れてるとか。同じクラスの派手な女の子たちとかが「ダイエットしているからそんなにやせてるの？」とか。毎日熱が出て、保健室に測りに行っていたんですけど、それを見て「私も藤家さんみたいにやせられるのなら、病気したいなあ」なんて言われました。私が細いことを気にしているのを知っている人たちほど、それを逆手にとっていじめてきたのがこたえました。もう何も言えない、っていう感じでした。ただ一生懸命生きていくだけ。

まぁ、それだったら孤立感を感じずにはいられなかったでしょうね。しんどかったねぇ。しかし、もし、そのお友だちのいうことが本心だったとしたら？
いじめじゃなくて、本心からそう言っているかもしれないとは思わなかったんですね。

本心だとしたら、いい大学を目指すような人たちに分別が備わっているわけじゃないんだなあ、という勉強をしたと思います。

本当にみんなやせたかったとしたら？　青春時代ってみんなすごく外見を気にするじゃないですか。やせるためなら健康を犠牲にしてもいいってまじめに思ってもおかしくないですよ。

あはは、そうよね。分別があれば病弱でいたいなんて思うはずはない、というのは寛子さん側の理解ですよね。それはとってもマトモな感覚ではありません。

でもね、まだ中学か高校生の時だったわけだから、本当に本当に、いじめじゃなくて大まじめに「藤家さんみたいになりたい」って思っていた人もいたかもしれませんね。藤家さんは身体のことで苦しんでいたかもしれないけど、その苦しみに思い至らずに見かけだけをうらやんでいたかも。

う〜ん……。

もちろん、中にはいじめもあったかもしれませんよ。でも大まじめに「藤家さんみたいになりたい」って思った人もいたかもしれませんよ

う〜ん……。いたとしたら、「そう言われても理解できない」って答えていたと思います。

そうね。「苦しいのよ」って答えていたでしょうね。

それに、やせたいと言っていた人たちに「やせたいなら食べるのやめれば」って言っていたと思います。

わははは！（↑身につまされている）

そのときはまだまだ頭ががちがちで、願望は「やせたい」でありながら、放課後お菓子を食い荒らしているのを見て、「矛盾している！」とか思ってたので。

わははは！　そりゃ矛盾してるよねえ！

怒らないで聞いてくれる？

ハイ。

私、藤家さんみたいになりたかったんですよ。

え？

朝礼のときに、倒れる子とかいたでしょう？　それで、運ばれていったりした子が。先生たちは「朝ご飯食べて来なかったんだろう」なんて言っていましたね。ああいうかよわい感じに憧れる時期ってありましたよ。十四から十七歳くらいのとき。私は今は健康上の問題もあるけれど、そのころは申しわけないほど丈夫だったんです。すると、やはりああいうのに憧れて「よし！」と決心して朝ご飯抜いたことだってありますよ。でも全然倒れないの。おなかがぎゅるぎゅる鳴るだけ。

あはははは！

白いワンピース来てはかなげな美少女とか、憧れましたよね〜。白血病とか結核とか。死にたくはないけど、まわりに人が集まってくれて。そのご本人がどれほどつらい思いをしているかなんて、思ってもみないで、それよりも「なんだかステキだな〜」って。今にして思えば不謹慎ではあるのですが、その頃のまだ幼かった私は、そう真剣に思って、「自分って、なんでこんなに頑丈なんだろう」って、そのありがたさに思い至らずに、丈夫さを情けなく思ったことがありました。

たしかに。でもそれは、健康でないことのつらさを知らなかったからですよね。

一度中学生のときに、いじめっ子でない子に「藤家さんみたいにやせたい」と言われて「でもこうなると、検査でバリウム飲まなきゃいけないよ、つらいよ」って言ったことがありました。きゃはははって笑われて終わりでしたけど。

藤家さんは苦しんでいたから「信じられない」と思うかもしれませんけど、はかなげなことに大まじめで憧れるっていう年頃は、確実にありますよ。バリウム飲むんだよ、って言われても、そういうことにすら憧れたりして。病院によく行くってなんかいいな、とか。

でもまあ、「なりたい願望」は私にもあったからわかりますけど。ブルース・リーみたいになりたかったんです。

なぜまた？

ブルース・リーみたいに強くなったら、華奢でも生き延びられると思って。千葉真一ごっことかやってました。強くなるんだ！　と。あとで知ったんですけど、みんながなりたいというものと私がなりたいものはかけはなれていたようです。大人になってから気づいて……。「ブルース・リーみたいになりたい」と言ったら「ワケわかんない」と言われましたけど、私にしてみたら、「やせたい」とか「病気になりたい」と言われても、ワケわからなかったです。医療費もかかるのに。

現実的に考えると一般人は、安定した暮らしがしたいわけだから、本当は病気にはなりたくないはずなんですよね。でもそういう、自分と違うものに憧れる時期もあるんですよね。特にこの年代はまだ心と身体が不安定で、愛してくれる家族もいるのに何とはなしに人恋しがるから、人に構われたり注目されたりという、自分と違うものを持っている人を羨ましく思ったり憧れたりする気持ちを持つことがあるんです。しかし、それは一時の気まぐれみたいなものでもあるので、ＡＳＤの人からは理解しがたいフクザツな心理かもしれませんね。

だから、そのもしかしたらいじめじゃなかった子たちに「藤家さんみたいにやせたい」と言われてもわからなかったです。あっちだって「ブルース・リーみたいになりたい」っていう私の気持ちはわからなかったのだし。

そしてその当時の藤家さんには、相手がいじめなのか本気で言ってくれているのかの区別はつかなかったんですよね。

つかなかったです。

健康な人にはわからないこと

自分はつらかったからね。教師は当然わかっていたでしょう、わざとじゃないって。藤家さんの身体の動かないのは、わざとであるわけがないことはわかりますよ。でも同年代の女の子たちにはわからなかったかもしれませんね。縄跳びで止まってしまうとか、チームですることができないのを見ると、歯がゆく感じるかもしれませんね。そうすると「この子はどこか弱いところがある」とわかっている教師が何かと気を遣うのを見て、よけいに腹を立てたかもしれませんね。

その状況は私も理解できます。今これだけ不登校とか障害を持っている人に対する制度が整ってきているじゃないですか。私たちのころはなんにもなかったのに「チクショウ！」って思いますから、それと同じように当時の私に「チクショウ！」って思っていた人がいたのかもしれません。でも小学校三・四年生のとき、二年間団体縄跳びやったんですよ。二年やったらわかってくれよ、と思いますが。

健康な人、エネルギーの無駄なく動ける人、食べるのに苦労しない人は、食べること噛むことに苦労するなんてわからないんですよね。

反省します。私もずっと丈夫な人に囲まれて育って、丈夫な人の集まる世界で生計を立てるようになったから、そうじゃない人のことは全然わかってなかったです。昔は、すぐ疲れる人とか体力のない人を見て「根性がないなあ」と思ってたんですよ。その見方を変えてくれたのが、実はニキさんなんです。がんばりやのニキさんが「体温調節できない」とか言ったときびっくりしたんです。そういえば私、体温調節がんばったことないぞ。がんばらなくても身体が勝手にやってくれるぞ、って。それを知ったとき「この人たちは身体の造りが違うのかも」と思って、同じように誤解している人の誤解をときたくて、ニキさんと藤家さんに参加してもらって『自閉っ子、こういう風にできてます！』という本を作ったんです。

自閉脳の人たちと定型脳の人たちは紛れもなく同じ人間同士で同じ社会に生きているのだけど、両者の間に厳然として『違い』が存在するんですよね。歩み寄って理解しあうことが大事ですよね。そのためには、お互いが経験したことのない感覚を理解しあわないといけないわけです。それは両者にとって、とても難しいことともいえるけど、こうして話し合って情報交換しあうこと、そして、お互いを対等な社会人として認め合うことで、理解は進むと思いますね。今の藤家さんと浅見さんの会話にもそれが感じられて、なんだかハッピーな気分だなぁ。

教師からのいじめ

ところで、これも自分が元教師だからしたい質問なんだけど、藤家さんにとっていい教師と思える人たちと、悪い教師だと思える人たちには、それぞれどういう要素がありますか？

いい先生っていうのは、たとえば四十人学級の全員に同じように接する先生だと思います。悪い先生っていうのは、クラスの中でいちばん目立っているグループ、派手なグループをそのまま先生のお気に入りグループにしてしまう人だと思います。派手なグループって、えてして意地が悪かったりするので、そのグループと先生が仲良くなってしまうと、「いじめられています」って言っても信じてもらえなかったりします。

もっとつっこんでいやなこと訊いてしまうんだけど、ごめんね。「これは教師のいじめだ！」と思ったこともあるって、前に言ってたじゃないですか。それはどういうことですか？

マイ担架のエピソードありましたよね。頻繁に倒れては担架で運ばれていく藤家さんに対して、Y先生（仮名）が「お前の隣に担架置いておけ」とか言った話。たしかあのY先生はそのあと教育実習生と結婚したんですよね？

それは高校のときです。中学のときの先生からのいじめで、いまだに思い出しては怖い気持ちがよみがえってきて泣くことがあるんです。

それはどういう出来事ですか？

私は小さいころから英語に接することが多く、英語も習っていたので、中学になって英語が始まると、そこから英語を始めた人にとっては外人並みに話せるみたいに聞こえたようなんです。それでよく「外人」と呼ばれて、怖い思いをしていました。それを、先生に相談していました。ところがある日の音楽の時間、英語の歌詞が出てきたとき、音楽の先生が「ここはひとつ藤家さんに正確な発音で読んでもらいましょう」と言ったんです。そして壇上に立たされて、読まされました。先生方は、私が「外人」と呼ばれて怖い思いをしているのを知っていたはずなのに。それで読み終わると、「はい、すばらしいですね、拍手！」と言って、みんなに拍手をさせたんです。それはビートルズの「Hey, Jude」だったんですが、そのあとひどいときは、その曲を聴くと吐いたりしていました。しばらくビートルズも聴けなくなりました。

実はこの春、テレビで番組改編があって、その音楽の先生とそっくりな人がキャスターとして登場するようになりました。そうすると突然フラッシュバックが始まって、具合が悪くなって。私がいつにも増して中学校時代の話をするので、母がおかしいと思って「何かあったの？」と訊いたくらいです。

解離が起きたわけ

英語はどこで覚えましたか？

祖父が通訳をしていて、小さいころからＡＢＣとかを「あいうえお」より先に習いました。

でもおじいさま亡くなったのは藤家さんが四歳半のときでしょう？　それ以来ずっと日本語の環境にいますよね？　子どもって外国に育つと障害があっても自然に外国語を覚えますが、日本に帰ってくると今度は日本語になじんで外国語を忘れます。だけど、そんな小さいときの外国語を覚えていたなんて、藤家さんってやはり脳が自閉脳なんですね。

そうです。経験は「上書き」ですけど、やったものは全部「保存」なんです。

逆に、地元の言葉を覚えるのが大変だったんじゃないですか？

覚えられなかったですね。

テレビとかで使われている言葉を覚えて、それを使うようになるんですよね。

意味わかってなくても「テレビの人が言ってた」っていう感じで使うようになるんです。

ああいう場面でああいう風に言ってた、って覚えて、そうやって使うようになるんですよね。イギリスでは「ＢＢＣ英語をしゃべる」って言ってましたけど。日本では「ＮＨＫ標準語」

でしょうか。自閉症スペクトラムのお子さんはそういう言葉をしゃべるようになることが多いですね。

自閉の方でも方言しゃべれる方もいらっしゃいますよね？

後から覚えるんですよ。どちらかというと。

私も後から覚えました。

比較的早く覚える人もいます。先には標準語を覚えても、比較的早い時期に地元の言葉をしゃべれるようになる人もいます。

私、佐賀に戻ってきて、ここに根を張って暮らすぞと思ったとき、地域になじめたのか、佐賀弁とか地元の言葉が話せるようになったんです。久しぶりに会った妹に、「最近佐賀弁のボキャブラリー増えてない？」とか言われました。

藤家さんの生活に、空想のものではなく実像、現実的な面が増えてきたんですよね。今までは、見えるものでしか理解できなかったのに。藤家さんが言う「シナリオで動かされている」というの、私とてもよく理解できるんです。自分自身の生活実像は実は目に見えるものではないから、見えるところ、つまり他者の生活でしか判断できないんですよね。自分のことも、自分ではない人たちの姿や彼らの反応を通してしか理解できなかったんですよね。でも寛子さんの人生の主人公は自分自身なのです。見えない舞台裏に動かされている見えるシナリオのなかで、自分の感情のないままに動かされる人生ではなくて。寛子さん自身が主体となった生活の実態が出てきて、よかったなと思いますよ。

人間は鏡がないと自分の顔は見えませんよね。それが人生だと思っていたんです。でも今は、鏡を使って自分には顔があることも覚えたし。

寛子さんも周りの人から色々言われたことを通して、「自分はそうなんだ」と思ってしまったところがありますよね。寛子さん自身の自己認識のプロセスとしては。そして、ネガティブなことを言われることが多かったんでしょう。自分で「自分はこういう人間だ」と認識する前に、まわりから言われたことをもとに自分を捉えてきたんですよね。

そうなんですよね、わかります。だから、自分の思いよりも先につねにキャラクター化されている自分がいて、それが強くなりすぎて解離が起きたんだと思ってます。

感情と身体の関係

先生は自閉の方たちの身体の問題を臨床的にわかっているとおっしゃっていますが、本にはあまり書かれてこなかったことですよね。やはり現場でも理解されにくいのでしょうか？

されにくいですね。まず臨床家自体が理解していないですね。文献になっていないために、身体の問題や感覚の特異性については専門家からも軽視されやすい状況にあると思います。自閉症の人にはセオリー・オブ・マインド（心の理論）がないというけれど、定型の人にはセオリー・オブ・オーティスティック・マインド（自閉症の心の理論）がないですね。相手を知るには、相手の身体の仕組みまで理解しなくてはいけないんですけどね。

マッサージとかカイロプラクティックが効果があることは書いてあるじゃないですか。それなら、身体の問題もあるって認めているのも同然だと思うのですが。

脳の障害ですからね。しかも脳のどこの部分に問題があるのかはまだはっきりわかっていません。情報処理の仕方が普通の人と違うことはわかっていますが。アメリカでは作業療法の面で、研究は始まっています。乳幼児のころから、筋肉の動かし方が違うのではないかということで、それが乳幼児の検診にも採り入れられ始めています。

私も小さいころの写真を見ると、だっこされても「乗ってる」っていう感じでした。

筋肉の動きは感情と関連しているんですよ。感情の分化と。自閉症スペクトラムの人たちは、感情の認識が遅いんですね。一般の子どもは、年齢が小さければ小さいほど、筋肉と感情はつながっているんです。でも自閉の子たちは、感情が認識できないから、筋肉が動かないんです。表情筋も動かないから、表情がなく見えてしまったり。

藤家さん、感情にあとで気づくことありますよね。

はい。

そういうことも本にはあまり書かれていないんですよね。

私が『他の誰かになりたかった』に書いた初恋のエピソードなんかはそうですね。私、大人になってから初恋に気がついたんです。当時母もその男の人を知っていて、私といるのを見て、いい感じだな〜と思っていたらしいんですけど。後になって、文化祭のときに撮った写真を見たらなんか「ざわわわわ〜」として。母に、「お母さん、ねえこれって『好き』とかいう感じ？」と訊きました。母は私たちがお互い意識しているんだと思っていたそうです。なんでこんなに気づくのが遅いんでしょう。

それは自閉の人にはよくあることですよ。ポジティブな感情でもネガティブな感情でも気づくのが遅いんです。

　身体のことでもうひとつ、多動のことにも触れたいですね。多動のお子さんが「じっとしていなきゃいけない」と一生懸命になると、シングルタスク（一度に一個しかこなせない）の人たちだから、勉強に集中できなくなるんです。多動な人は多動にしていたほうが身体が楽なんですね。だからじっとしていると、それだけでぐったり疲れるんです。それと、運動や不器用といった問題とは別にまた、姿勢を保つのが難しいという問題もあります。こういった原因が重なって疲れやすいという現象が、小学校高学年くらいからはっきり出てきますね。

どうして小学校高学年くらいなんでしょう？　生活の課題が増えるからなんでしょうか？

課題が増えることもあります。それと、発達によって変化するから、以前はあまり気づかなかったことに気づくようになるんですね。少しは周りに合わせようという気持ちも出てきます。そして多くのお子さんが、やはりほめられたいんですね。ほめられたいし、認められたいんです。対人的なつきあいが下手だといいながら、百パーセント受け入れられたい気持ちをもっているんですね。だから、ほめられること、認められることには全力を注ぐんです。心の距離感が、まだわかっていないんですね。世の中には自分を受け入れる人も拒絶する人もいるんだということがまだわかっていないんですね。それは経験で学んでいくものだから。だから初対面の人でも百パーセント自分を伝えてしまって、「受け止めてくれない」と落ち込むんです。

私も初対面の人には百パーセント説明します。わかってもらわなきゃいけないと思うので。だから逆に、初対面の人だからって「もじもじ」となることもないんですが。

そこがまた対人的な問題になるんですね。社交上の問題に。びっくりさせて「ひかれて」しまうんです。この人にはここまで、という距離感を学習することはできますけどね。

ただその学習が、あまりに紆余曲折だとしんどいだろうなあ、と思うので、その道のりを短くするお手伝いがしたいなあ、とは思いますけど。

藤家さんの場合、やはりメタ認知が弱いみたいですよね。自分を俯瞰する力というか。本当に洞窟を歩いているみたいですよね。それで何かモノを投げてみて、洞窟の長さを知るというか。どのくらいの反響があるかで自分を認識しているというか。

それはすごく腑に落ちますね。私たちは誰かにけなされても大して応えないじゃないですか。それはあまり相手の言うことをまともに受け止めてないからなんですね。たとえば親だって感情的になることもあるから、こちらを否定するような発言をすることもありますよね。でも私たちは親の言うことなんか真に受けてないから、「ああ、言ってるな」で流してしまうんです。そうすると親に大して恨みを持たずにすむんですが、自閉っ子の皆さんはりちぎに聞いているからこそ、親に恨みを持ってしまうこともあるのではないでしょうか。

なぜ人を殺してはいけないのか

私、親に殺意を抱いたこともあるんですよ。

本当？　それはいつ頃？

小学校三年生ぐらいのときです。毎日が父との喧嘩で。でもここで父を殺したら、人生台無しだなと思って。

それはでも、正しい判断ですよ。

はい。もう本当に喧嘩がすごくて、私はお箸を投げ出して、「殺してやりたいと思っている」と父に言ったことがあります。でもうちの父、法学部なんですよ。それで、尊属殺人っていうのは普通の殺人より罪が重いんだぞ、と教えてくれました。自分はここで殺されても成仏できるけど、お前は少年院に入って、そのあと地元に帰ってきて村八分みたいな状態になって、それでもいいと思うんなら殺してみろ、と言われました。それで、三日間考えたんですよ。そうか、尊属殺人って罪が重いのか。父を殺すのは簡単だけど、お父さんのためにこの先の夢をあきらめるのはばかげているかもしれない、と考えて殺人を止めたことがあります。

どうして殺そうと思ったんですか？　喧嘩の原因はなんだったんですか？

話が嚙み合わないんです。私は口が達者と言うか、父が言うことに「それは器が小さすぎるだろう」なんていちいち文句をつけてました。

まあともかく、お父様の対処法はある意味正しかったんですよ。自閉の人たちには、理屈で対応するしかないですからね。

家に『法の抜け穴』っていう本があったので、それを読んで色々研究したんですけど、どうやら無理そうだなあと思って。父が「世間の目に耐えられるのか」と言ったのが印象に残って、やめておいたほうがよさそうだな、と。それをまた、いちいち父に報告に行っているんですけどね。「お父さんを殺そうと思ってたんだけど、この前お父さんが言ったことを聞いてよく考えてみてやめた」とか。理屈で抑えられたというか、理屈で納得させられると「そうそう、そうだよね」って思えてくるんですよね。

理屈で初めて理解できる人たちなんですよね、自閉の人たちは。規則正しいもの、秩序だったものを好む性質は、知的な遅れを合併しているかしていないかに関わらず、ＡＳＤのすべての人に共通する特性ですもの。機能の高い人たちは、ルールや対人関係も理屈や秩序で理解する方が容易いのですよね。

なんで殺人がいけないかを教えようとするとき、精神論で語ろうとするじゃないですか。

でも、「この国で生活する以上は、人を殺してはいけないというのは他のルールよりも強いルール」って説明すれば一発でわかるのにと思うんです。それで自閉の子は、納得すればやらないですよね。

なんでも辞書みたいに解説してあると、わかりやすいですよね。

どうやって二次障害を防ぐか

本当に自閉症ですね〜。藤家さんは。とにかく理屈。理屈でわかるんですよね。

自閉症って言われても、私は私のルールで生活しているだけなので「あ、そう」って言うしかないですけど。

別に問題なわけじゃないですよ。物事のとらえ方が自閉的だとは思いますけど。藤家さんのルールが世間のルールと合っていれば、なんの問題もないです。

ただ世間も藤家さんもお互いに深読みしあって、世間も藤家さんもつらい思いをしてきてしまったのかもしれないですよね。

藤家さんが洞窟の中を歩いて行く間に、反響してきた「自分像」を、いじめととってしまったわけだけど、今思えばいじめではなかったものもあったかもしれませんね。それはもちろん、本当にいじめだったものも少なくないとは思うけど。

たしかに「やせてていいなあ」と本気で言っていた人はいただろうし。

大切なのは自分がどう思ったか、なので、そのときにいじめと受け取っても、藤家さんが間違っていたわけではないんですよ。私たちが支援者として考えなければいけないのは、そう思ってしまうタイプの人に、どう解説をタイミングを逃さずに提供するかなんですね。こういう風に十何年経ってからじゃなくて、その瞬間瞬間に。

そういう支援があれば、二次障害が防げると思います。

やはり人との絆は大事

私、Sさん（編注：藤家寛子さんを担当するケースワーカー）とお友だちになれたおかげで、学生時代の怖い思いのフラッシュバックがずいぶん減ったと思います。

先日私と一緒に、大阪に二泊三日で講演に行きましたね、Sさんも同行して。旅行の間ずっと健康で、よく食べて、乗り物も怖がらず、そして講演が終わったあともがくっと落ち込むことがありませんでしたね。あれは驚いたんですよ。

私も驚きました。元気に乗り切ったので。

それまでは、同級生とは相容れないものだったのに、同じ年のSさんと仲良くできたことで、なんだか自信がでてきたんです。年も同じで、同じカリキュラムで勉強して、見てきたテレビ番組も同じで。そういう人たちの中にも、こんなに理解してくれる人がいるんだ、って初めてわかって。そうすると、学校のころの思い出は変わらないけど、思い出しても怖くなくなってきたんです。同じ一九七九年生まれで、こんなにも心を開ける人がいて、つらい思い出がないものにできたっていうか……。この前講演で旅行に行ったときも、「修学旅行ってこういうものだったのかな。同級生は小学校の時みんなこんな気分だったのかな」と思いました。大人になっても上書きはできるので、小学生のときにみんなと同じ気分が味わえなくても、今になってそれを埋め合わせできるんだな、と。

そして過去のものにできるんですよね。フラッシュバックは、自閉脳はいやでも思い出してしまうんだけれども、思い出したとしても「あれは過去のもの」と自分で位置づけができるようになるんですよね。よかったですね。

ホント、よかったですね〜。

記憶の塗り替えが大事なんですよね。そして私たち支援者としては、それを手伝うことが大事なんですよね。イギリスで当事者のお話を聞いたとき、「私たちＡＳＤ者は共感はできないと言われていますが、思いやりは持てます」という言葉が印象に残りました。同じように感じることはできないかもしれないけど、人とのつながりは持ちたいと思っているのだと。

　小学校のときの藤家さんは、社会性の発達も他の人とは違ったから、修学旅行でも同じようには楽しめなかったかもしれませんよ。他の人たちは思い出を作ることを大事にしていても、他のことばかり気にしていたかもしれません。

私には班長としての役割がありましたから。

そうね。そういうことも一生懸命になってしまいますからね。でも、今、大人になってからは、修学旅行と同じように同年代の人と楽しむこともできるんですよね。思い出の中では見つけられないことも、今から体験することができるんですよね。講演をこなすだけじゃなくて、行き帰りを楽しんで、お好み焼きと串カツを食べて、大阪の食べ物も楽しんで。同時にいくつも進行できるようになったではないですか。

はいっ！

上書きだけじゃなくて、過去のことを過去のものにできるようになったんですね。

はいっ！

成長してますね。

はいっ！

そして過去を埋めていくところに、やはり人がいなくちゃいけないんですね。それが今わかりました。寛子さんの場合、自分に合うケースワーカーとの出会いがあって、本当によかったですね〜。

本当によかった。

やっぱり人が必要、人を求めていないわけじゃないんですよね。

一日一つずつ

自閉の方、人なつこい方たくさんいらっしゃいますもんね。

大阪の講演のときも「一つずつクリアしていけばいいんだな」と思って出かけました。それが、支援プログラムを受けるようになって学んだことです。

そう、一つずつですよね。生活も、大きな仕事は一つずつ。今日はお買い物、とか、今日はお洗濯、とか。だって毎日こなさなきゃいけないこともたくさんあるでしょう？　着替えたり、食事したり、お風呂入ったり。着替えるのも大変よね？

はい。

お風呂入るのも大変よね？

お風呂入るのが？　大変なんですか？

大変ですね。ご飯を食べたあとに、必ず一時間休憩をとって「はぁ～、今からお風呂に入ろう……」と思いながら入ります。

お風呂は大変よね～。体力使うし、手順が多すぎるしね。

そうなのか……。

とくに身体が動かない時なんて、どうやって入ればいいんだろう、と。

そりゃそうですね。身体が動かないときは入らなくていいんじゃないですか。いや、自閉っ子だから入ろうと決めたら入るのかな。

入ったら意外とリラックスできるので。

そうですよね、お風呂は気持ちいい。

でもそこまでのプロセスが長いのよね。

半時間ごとにタオルとか寝間着を取りに行って、よつんばいになってゆっくり動いて「さあ、お風呂だ」と奮起する感じです。お風呂への道の途中でちょっと休んだりして。

でもお風呂だと、堂々と文句が言えるじゃないですか。「なんで右半身動かないんだよ～」とか「私の身体なのになんで右だけ言うこと聞かないんだよ～」とか、そう言って自分に突っ込んでいるとなんだか楽しくなってきます。それでウツが防げたりします。

自分一人じゃない

今回、通信制の大学の単位を計算間違いして、受けていた課目の単位は全部とれたのに卒業が見送られましたね。私は少し心配していたんですよ、藤家さんが落ち込むんじゃないかと。だって卒業できるとは限らないとは言っていたけれど、終わったらこれがしたいということがいくつかあったじゃないですか。気持ちがもう先に進んでいたから、卒業できなかったときどうなるかと心配したんですが、するっとクリアできましたね。

はい。友人たちにメールをしてみたら、同じような人が意外といることがわかって。世の中に一人だけだったらどうしようかと思っていたんですが。

そうそう、意外といますよ。

それに、いくつもの勉強をしましたね。まず、「何かを決めるときには、自分だけで完全に決めてしまう前に、相談できる人に確認をする」ということ。社会的判断力に難を持っているという自分の特性を卑下することなく直視して、その弱点を埋めるために信頼できる人に決断が正しいかどうか相談するという「支援を求める習慣」は、今後社会生活をスムーズに適応していくために非常に重要なスキルで、今、藤家さんにはこれを身につけるのが大切なことです。

それと、「一日に大きなことをする場合は、一つにする」とか。

いろいろ勉強したね。よかったですね。

本当に、よかったですね。

それと今日藤家さんにいい話聞いたなと思うのは、過去は乗り越えられるということ。過去を忘れるわけじゃないけど、「あれは、過去のこと」とちゃんと位置づけられるようになるということ。そしてやはりそこには、人とのつながりが必要なこと。人がとても大切な役割を果たすこと。本当にいい話を聞かせてもらいました。それに、自閉の方の身体のことは、私たちももっともっと聞きたいし、皆さんにももっともっとわかってもらわないといけないところですね。

情報処理の大変さ

身体のことと言えば、トモコ先生の講演を先日聞いたとき、こういう風におっしゃっていましたね。「自閉の人にとっては情報処理がつねに多すぎる。しかもその情報処理を一生懸命ていねいにやろうとする。そうすると負担過多になり、疲れやすくなる」これを聞いたとき、自分がふだん接している自閉の方たちを思い浮かべて、とても腑に落ちたんです。

ふつうの人から見れば「こんなことくらい」と思えることに、とてもまじめに取り組んでいるんです。お風呂に入るのも「ああやって、こうやって」とまじめに考える。残った野菜をどうするんだろうと考えると、結局料理できない。そういう風になるんです。極端思考なんですね。それが一般の人には、律儀すぎるように見えるんですね。

たとえば料理の本を買ってきますよね。私たちはその本の中で一品作れるようになればいいと思うじゃないですか。でも自閉の方たちは、全部作らなきゃいやなんですね。

なるほど。ただそうすると、食材をいかに余らせずに日々の献立を考えるかも、かなりの頭脳労働が必要になってきてしまうのではないでしょうか。そういう律儀さと、たとえばフルタイムの仕事をどう両立させるのだろう、とそこが不思議なんです。

ぐったり疲れてしまうんですよ、だから。たとえば授業を一時間受けるにも。情報処理を、ひとつひとつていねいにこなしているんだから。

気温の変化にもついていくのも難しいみたいだし。

気温も情報のひとつなんですね。だからその変化についていくのも、大きな仕事なんですね。だから、季節の変わり目に弱いんです。こういう具合だと、つねに処理する情報が過多なのも無理はないでしょう？

対応しないと生活できないから対応はしますが、その結果ぐったりと疲れるんです。そして、こういう自閉症の特徴がはっきりしてくるのが十歳くらいからですね。

家族のこと

ところで藤家さん、今拝見していると、お父様もお母様もすごく優しいですよね。

ほとんど別人みたいです。

自閉のこともご存じなかったから、昔は適切な対応ができなかったのかもしれませんが、今はご両親は寛子さんのことをとても考えていて、できることをやってくださっているように見えますよ。

その前は親御さんに対してどう思っていましたか？　まあ、さっき「殺意があった」という話は聞きましたが、それは本物の殺意ではなく、それほどにすごい親子喧嘩だったという比喩ですよね。それ以外、どう思っていましたか？

役以外、でですか？

役ね。お父さんという役とお母さんという役という意味ね。う〜ん、たとえば「印象」って言ったらいいのかな。どういう印象を持っていた？

う〜ん。お父さんは「家にいない人」ですね。それでお母さんは「田舎から田舎に嫁いできて、姑にいじめられている人」。

自分にとってはどうでした？

あまり考えたことがないです。

そうなのよね。みんなそう言うのよね。だからいつも、このあたりは訊くのに苦労するんですよ。

でもうちの場合は、育児日記をとっておいてくれたんですよ。

それはいいお母さんということなんですけどね。

それを読むと、「私、たしかにこの人の産道を通って出てきたらしい」ということがわかりました。ということは、親なんですよね。

親御さんに対する、藤家さん自身の感情はどう？

あ、今だったら、生きているうちにいっぱい親孝行したいな、と思います。最初に印税が入ったとき温泉の宿をとって両親を招待しました

えらい！

でも昔は、子どものこと興味ない人たちなんだろうな、と思っていました。メインの仕事は一つ、としか考えられなかったので、仕事をしていてしかも家庭人であるという父の像も想像できなかったし、兼業主婦の母も思い浮かべられませんでした。私にとって学校がメインであるように、「一人一つしかメインがない」としか考えられなかったんです。

自分がメイン一つだから、親もそうだと考えたんですね。そうなるとやはり、寛子さんに対し、父として、母としての気持ちを持っていたことは想像がつきにくかったんですね。

親御さんに不満を持ったことはありますか？

不満、ですか？　今考えれば、自然に解消していたかも、という不満はありました。

どういう不満ですか？

学校の参観日とかに、一番乗りで来ないでよ、とか、うちの母、昔髪が長かったんで、仕事からまっすぐ参観日に来たときに、三つ編みしてきたんです。そうすると、場所考えてきてよ、とか。そういう不満はありました。

ひいひい（↑笑いをこらえている）。

……あと、弁当に匂うモノいれないでよ、とか。今考えると、特に自閉的じゃなくて普通に子どもっぽい不満は持っていたんだと思います。で、せりふの一つだと思っていたんですね。

ポンポン言っていました。

いや、自閉的ですよ。

そうそう、自閉的。一般的な「親への不満」とは、やっぱりひと味違いますよね。

あはははは（しばし爆笑）。

ふつうはもっと形容詞が多いのよね。

形容詞って、たとえば「厳しい」とか？

もっとかまってほしかったとか、優しくしてほしかったとか、大抵は、自分に対してあして欲しかったこうして欲しかった、など、親の自分に対する関わり方についての不満が多いの。

あるいはもっと堂々としていてほしかったとか。世間とか自分に対する態度みたいなものに関して不満を持つ人が多いんじゃないかな。弁当に匂うモノとか、そういうのがいきなり来るのはやはり珍しいと思います。

卵焼きは、ネギ入れたほうがおいしいけどネギは匂うから入れないで、とかそういう不満は口にしていました。

たぶん「もっと考えてほしい」と伝えるにしても、もっと違う角度から言うでしょうね、定型発達のお子さんは。

将来について

ところで、藤家さんは将来のことは考えていますか？　こういう仕事をしたいとか、そういうのは聞いたことがありますが、今の体力を考えて、現実的にどういう仕事がいいと思いますか？

学芸員になりたいです。

学芸員は、資格とかが必要なんですか？

大学を出て、自治体の試験を受けて、受かって空きがあれば、ということです。

自治体の試験に受かるっていうことは、公務員になるっていうことですよね？

そうなんですよね。

公務員の仕事っていうのは、枠組みがあるんですが、それを考えたことがありますか？

わからないです。考えていなかったです。

年次有給休暇って知っていますか？　休んでもお給料が減らない日が予め決まっているんですね。それ以上休むと、お給料は減らされるんです。

仕事をするっていうのは、自分が職場に貢献した対価をもらうことですよね。仕事につくことによって、責任が発生して、その対価としてお金をもらうわけです。それでその働き方には一定のラインがあって、勤務時間とか休みの日数が決まっています。そのあたりを厳密に考えて、自分に適切な仕事を割り出していくという作業がこれから必要ですね。

今は物書きもしていて、それも職業になっています。でも自分の中で、どこかに就職する＝仕事をするということになっているみたいで、まだそのあたりがうまくわからないんです。

アセスメント、ジョブ・リサーチをしなくてはなりませんね。藤家さんの現状、やりたいこと、特性などを全部考慮して、どんな仕事の仕方が向いているか割り出していかなくてはなりませんね。その結果、学芸員が向いているかもしれないし、やりたいけど向いていないかもしれない。そのあたりを分析していく必要がありますね。

仕事はフリーランスというのもあるでしょう。ひとつひとつを契約して、講演をするとか、本を書いて印税をもらうとか。それも立派な職業ですよ。

ただ、現状ではフリーランスより、どこかに雇用された方が生活は安定するんですね。そして実は、フリーの方が会社員より、体力や営業力、交渉力が必要です。浮き沈みは当然ありますから、それに耐える精神力も。不安が強い人には、フリーランスの仕事はきつい面もあるんですね。

ただ、どこかに雇用されるということは、決まった時間そこにいるということですよね。それに付随する体力的なバリアを皆さんがどう乗り越えていくのか、それを見つめていくのがこの本のテーマのひとつです。

佐賀牛

ところで藤家さん、今日は浅見さんを佐賀牛のお店にお連れしようと思うんですが、一緒に行きませんか？

行ってみます！

本当に？　お肉ですよ。大丈夫ですか？　食べられます？

食べてみます！　浅見さん、今私、色んなものが食べられるようになったんですよ！　一緒に食事したら、きっとびっくりしますよ！

すごいなあ。藤家さんとお肉食べられる日が来ると思わなかった！　本当に元気になってよかったね！

藤家さんとお会いして

藤家さんは佐賀県西部の生まれ育ちで、佐賀県東部出身の私とは、文化的背景などに共通したものがあります。だからこそ、「うんうん、そうそう」と理解しやすかった部分がありました。

私の恩師であるゲーリー・メジボブ博士は自閉症について、「そもそも、脳の情報処理が非常に微細なレベル、物質移動のレベルで定型脳とは異なるわけだから、感覚の特異性と同様に身体の動かし方に問題が出てきても、それは想定できることだ」と話されたことがあります。ＡＳＤを一歳未満で発見するという、二〇〇四年の早期発見の会合でのことでした。藤家さんの身体の問題は、脳の情報処理の不全のもたらす結果の、珍しいけれどもあってはおかしくない例として説明ができると思いました。

しかし、身体の問題が日常生活に甚大な困難をきたすために常時サポートが必要であるにもかかわらず、障害者自立支援法ではこのような人を想定はしていないと思われます。そもそも、発達障害者支援法が施行され知的に高いグループを支援する理念は整ったといっても、この日本という国では、なかなか藤家さんのような特性は事例も少なく、支援の対象とされにくいかもしれません。一方で、私もまだまだ彼女をよく知り尽くしているわけではないせいでしょうか、藤家さんの成長過程における二次性の問題がこの身体の問題をさらに複雑に重篤にしたのではないかという疑念も捨てきれないのです。言い換えれば、藤家さんが乖離を起こすほどの心理的ストレスとプレッシャーを長期にわたって継続的に受けなくて済んだら、もともと持っていたに違いない身体の動かし方の問題ももっと軽微な状態に留まらせることもできたかもしれないという思いです。

こういった藤家さんの生活を少しでも楽にするには、体力消耗の省エネルギー化に努めなくてはなりませんね。今日は買い物、今日は掃除、今日はお風呂、今日は洗濯、というように一日に一つのことをこなす。その前後には休養を取る。また料理してくれる人、掃除をしてくれる人、連れ出してくれる人……等の具体的な家事支援や外出支援は最低限の生活には欠かせないと考えます。でないと、うつになったり寝込んだりしないで、毎日の生活を明るく体調を崩さずに一定のリズムで送るということは難しいのではないかと感じました。入浴一つですら体力を消耗する大仕事になってしまうからです。体調を崩した日には、藤家さんは食物を噛むということすらできなくなります。一般人のように、とくに意識しないでも、仕事の合間に歯磨きしたり着替えをしたり掃除をしたりスイスイやっていくということが、どれほど大変なことかと想像がつきます。そして、そういうことを楽々とやれる人には、外見では理知的に見えるのにこうした身体特性を持つ藤家さんのような人の困難さ、つらい気持ちは、想像できないことでしょう。

また、いじめのエピソードにも注目していただきたいです。教師の無知そのものが教師からのいじめの刃となったということ、教師の無知がクラスメートのいじめを増長したということが、よくおわかりいただけると思います。これは時代の新旧に関わらず、常に存在する問題でありまず。特別支援教育が全国一斉にスタートする平成十九年には、少なくとも「教師の無知によるいじめ」は消滅させなくてはならないと強く思いました。

一方で藤家さんは、周囲の接し方から受け取るメッセージが「とんちんかん」なことも多いようです。メタ認知（状況を俯瞰する力）も弱く情報収集能力に限界があるし、またセオリー・オブ・マインド（相手の心理や考えを推察する力）の問題も強く持っているためです。日本人は細かい説明をしない付き合い方をするものなので、こういう特性を持った藤家さんと周囲はお互いに勘違いしてしまい、その気持ちのずれが気持ちのすれ違いを生じ、その結果、悪い方に悪い方に思い込んでしまい、本人の願いとは反対にますます閉じこもってしまう方向に向かうしかなかった……。これも、多くのＡＳＤの人たちに共通の部分として言えると思いました。そして、さらに不運だったのは、その勘違いなり本人側の誤解なりを解くために、相手の気持ちや意図を問い合わせるというコミュニケーションスキルも持たなかったために、さらに悪い方の思い込みの滝つぼに沈んでいってしまうというパターン。こういうとき、周囲の理解があれば、障害特性をわかって解説してくれる人がいれば、そんな苦しみから開放され具体的・建設的な対人行動を学ぶ機会を与えられただろうに。そうであったなら、藤家さんもあんなに年齢の低い時に二次性障害にならずに済んだだろうに（藤家さんはおそらく小学二年生の頃、二次性障害である乖離をしたとされています）。これはもう周囲の意識や理解度など、人的な要素次第なのです。

今藤家さんは、ご両親住む実家からさほど遠くないところで一人暮らしを開始し、支援機関からの支援を受けるようになって一年以上経ちました。カウンセラーとの面談を通して、さまざまに対人関係の持ち方を学んだり社会の仕組みを学んだり、似たような年代の若者達との食事会など社交機会を持つようになって、社会的な面での成長が著しいようです。その中で、分かり合える同年代の友人を得たことは、彼女のつらい過去の清算に一役買ったということ、それは大変明るいニュースでした。やはり人を求めているのですね。

面談を通して藤家さんから受けた印象は、礼儀正しさ、素直さ、一生懸命さ、そして前向きに生きていたいという強い願いです。

藤家さんが社会に出るにはまだまだ学ばなくてはならないことは多いのですが、持ち前のこうした美点が今、新しく得たサポーター達と一緒に、今後の人生を藤家さんらしく生きていくため、何らかの道を切り開いていく助けになるにちがいないと感じました。

しかし、彼女は、今回の障害者自立支援法で、どんな行政支援を受けることができるのだろうか。あるいは、いったい支援対象としてもらえるのだろうか……。

藤家さん、本当に元気になってよかったですね。ただ、これからも大変なことはたくさんあるでしょうけど……。文才はある人なんですけど、作家だけで食べられる人って、実はすごく少ないですしね。でも自閉っ子の皆さんを見ていると、本当に、メンタル面以前に物理的な面で、社会に出るバリアを感じますね。自閉症の方は社会進出は無理なのでしょうか？　先生はどなたか、フルタイムの仕事についている当事者のお知り合いはいらっしゃいますか？

いますよ。実は、小学校の先生をしている人がいます。もうベテランの先生ですよ。

えっ！　小学校の先生!?　その方、感覚過敏とかはないんですか？　感覚過敏がない方は、比較的色々な職場に適応できますよね。でも感覚過敏が少しでもあるのなら、小学校で自閉症スペクトラムの方が働くのは大変じゃないかと思うのですが。

そうなんですよ。それに、公務員は人間関係に「和」が求められるし、「さりげなく精神的協力」といったようなスキルも求められる環境にあります。

私なら無理だな。定型発達だけど無理です。でも、その方は自閉症スペクトラムなのに、そういう職場でがんばっているんですね。

感覚過敏もあるし、うつで休職したり、そういうエピソードもありますが、がんばって仕事を続けていらっしゃいます。それに今再婚されたばかりで、新婚さんなんですよ。

すごいな〜。仕事も家庭もがんばっていらっしゃるのですね。ぜひその方にお会いしに行きましょう！

子どもの気持ちがわかるから……

風花さきさん（教師）と語る

みんなも我慢してるんだろう

服巻　さきさん、こんにちは。私とさきさんは、これまで数年にわたって、メールや電話のやりとりをしたり、時にはお会いしたりして、親交を温めてきました。さきさんは、実は私にとってはずっと興味深い存在でありました。今回、ご協力いただき感謝します。

さき♪　あ、そうなんですか？　はい、よろしくお願いします。

さきさんは、アスペルガー障害とＡＤＨＤの合併診断をお持ちですが、顕著な特性をいくつかお持ちですよね？

♪　はい、あげたらキリがないかもしれません。

浅見 さきさんには感覚の特異性がありますよね、聴覚過敏とか。そういうのも、アスペルガーから来るものだって診断がついて初めて知ったんですよね？

♪ そうです。

それまでは「みんなより音が気になるみたいだ」と考えていたんですか？

♪ みんなも我慢しているんだと思っていました。高校の時、私はバレー部に所属してたんですが、バスケ部とバレー部で体育館を一日交替で使っていたんです。で、外で練習の日は、それだけで目が開けられないんですよ、まぶしくて。当時、女子校でしたからサングラスかけるなんて思いつかないし、ほかの人はどうしてこんな目が見えない状態でもがんばっているんだろうと思っていました。

私はさきさんには、ＡＤＨＤよりアスペルガーの方の特性を強く感じますね。今までのおつきあいとかエピソードの中で。

♪ 私もアスペルガーのことを知ってから、その方が思い当たることに気づきました。

そもそもさきさんとトモコ先生は、どういう風にお知り合いになったんですか？

トモコ先生を知ったのは、ＮＨＫの番組に出演してらっしゃったのを見たのがきっかけです。あのとき、Ｋ君という男の子が出ていましたよね。あの子を見ていて、自分と同じだ！と思ったんです。姿形は違うけど、思うことやることは同じ。私は大人だから、もう少し我慢は利くかも知れないけど、でも彼の中で起きていることが手に取るようにわかったんです。

そして先生がひもとくように説明をしているのを見て「私もこういう人がほしい！」と思うようになったんです。

私は先生が他の成人当事者と話をしている席にも数回同席しましたが、トモコ先生の支援は、本当に「ひもとく」という表現がぴったりですね。

なぜ教師を目指したか

さて、さきさんは小学校の教師という職業についておられて、しかももうかなり長いこと勤続されています。なぜ教師という道を選んだのですか？

♪

私は小さいときから問題がある子と言われ続けてきたんです。親からも先生からも「悪い子」と言われていました。でも自分としては人にいやがらせをしようとか、悪い子になろうという気はまったくなかったんです。親にも好かれたい気持ちがいっぱいあるのに、でも「悪い子、悪い子」と言われていました。とくに小学校二年生のときの先生が若い先生で、自分が教師になった今になってみると、ああ、あの先生はきちんとクラスを運営していきたかったんだろうな、とわかるんですが、それには私の存在が難関だったようです。「この子がいるから困る！」という感じでした。

雨が降った日に母が傘を届けにきても、授業をほっぽりだしてまで、その母をつかまえて、「お母さん！　さきさんはまったくこんな困ったことするんですよ！」と責めていました。親はそれでまた私を叱ります。私はとにかく悲しくて、「なんでわかってもらえないのだろう」と思っていました。そして、「私は、こういう子のことをわかってあげられる学校の先生になろう」と思ったんです。それが小学校二年生の時です。でも、もちろん子どもの考えることですから、ピアノを習ったらピアノの先生になりたいとか、のちには気も変わったんですが、結局は元に戻ったんです。そして今困ったと言われてる子相手に教師の仕事をしているから、人生っておもしろいもんだな、と思っています。

今教育現場では、発達障害の子どもたちにとって、先生たちの存在ってとても重要になっていますよね。だから、さきさんの言動は、今後影響力を持っていくのではないかと思っているところです。実際、現場の教師陣の中にも、アスペルガー障害を持つ方は多いんじゃないかと思わされることもあります。診断を受けていらっしゃるわけではありませんが、そうじゃないかなと強く思える方々にもたびたびお会いします。実を言うと、その特性のために保護者とのトラブルが生じているのではないかと思わざるをえないケースもあります。まあそれはそれとして、こうやって教育問題が大切になっている時期に、ご自分のことも考えながら工夫し、子どもたちの教育にあたっていらっしゃるというのは、間違いなく異色の存在ですよね。

♪ 学校で子どもが泣いていたり、パニックを起こしていたりすると、ものすごく気持ちがわかるんです。自分も一緒に泣きたくなるんです。だけどそれに対処する能力は足りないんです、自分の中で。一方で心身強健な先生たちは技術があって対処が上手だったりするんです。そのあたりのところが悩ましいですね。

教師陣が一つのチームになってその中でうまく役割分担ができればいいですのにね。今のお話を聞くと、ＡＳの特性の得意なところと不得意なところが如実に出ていますよね。子どもたちの状況も立場も気持ちもはわかる。すごくよくわかる。でも対処するところ、状況判断とか手だてを組み立てていくところが苦手なんですよね。それは社会性のスキルだったりコミュニケーションスキルだったりするでしょう。周囲の人たちとの協調的センスや「仕切ったり」「さばいたり」のスキル等が一気に必要とされますが、アスペルガー障害ですと、それはもっとも苦手な部分でありますものね。それ以外にも職業上アスペルガーの特性で困っているところ、あるいは、特性を活かせているところがありますか？

♪　目に見えないことが想像できないんです。他の人は次の日の授業とかを頭で想像して計画できるんですが、私にはそれが難しい。大学時代に幼稚園の実習で挫折したのはそれが原因だったと思うんです。次々と、次の日の指導案を一字一句まで書かなければいけないんですが、それが全然できなくて、寝ないで二十四時間使ってもできないんです。特に小学校と違って幼稚園というのは、教科書とかもありませんしね。それで結局、幼稚園の免許は取っていないんです。

計画性、それはアスペルガー障害の特性の実行機能の問題からして、かなり難しいことでしょうね。

♪　実習期間中、本当に泣いてばかりで、体重もげっそり落ちました。計画を立ててやろうとすると、自分の苦手なことばっかりで押しつぶされて「ああ、計画も立てられないんだ。自分はダメだ」と落ち込んでいくんです。じゃあ台本作ってその通りにやろう、とすると、台本のどこを読んでいるかわからなくなるし、台本を読んでいると子どものことが見られません。指導しながら読む、という同時処理ができないんです。何年もかけて悟ったのは、いくら非難されてもそういうやり方はやめて、自分のやり方でしかできないということです。一切計画は立てない。でも子どもの前に立ったら「絶対何かできるだろう」という妙な自信はできたんですね。実際子どもの前に立ったら、何か閃《ひらめ》くんです。子どもがいて何かをしていたら、「こうしたらうまくいく」というのがなぜか閃くんです。そして結構うまくいくんです。ただ、次回にはすっかり忘れていたりするんですけどね（笑）。この部分はＡＤＨＤ的なのかな？　と思ったりしています。

それは想像に難くないというか、目に浮かぶというか。そういう部分が苦手なのがこの障害の特性ですもの。さきさんが悪いわけじゃない。でも、子どもの前に立ったら何か閃いてできるというのは特殊な才能かもしれませんよ。さきさんの子ども達への愛情や思い、そして教師という職業への崇高な情熱も感じさせるエピソードですね。対人関係の弱点や実行機能の問題点をもっていえば、教師という職業は向いていないかと思われがちなのですが、さきさんはその弱点をカバーする努力をなさってきたに違いありません。そのあたりを、詳しくうかがいたいものですね、今日は。

こんな工夫をしている

子どもたちは勝手に動きますよね。音も立てるでしょう？　その中で、ご自分の感覚過敏にはどう対処しているんですか？

♪ とにかくクラスを持ったら最初に心がけるのは「子どもをやかましくさせないこと」なんです。以前から無意識に、そうしていたんですが、まあ自分のためだけじゃなく、静かな方が子どもにとっても集中しやすくていいですしね。ここ何年かは感覚過敏の話は保護者にもしています。音の過敏と光への弱さがあって、教室でもサングラスをすることがありますが、感じ悪く思わないでほしい、とか、音に過敏なわりには、全部の音を拾うので、たとえ小さい音が聞き取れていても他の音も全部拾ってしまうから実は内容は聞き取れていないことがある、とか。そういうことを最初に言っておいて、できるだけ協力してもらうようにしています。

椅子とか引くと、「ギコーッ」っていう音がしてうるさいんですよね。特に雨の日は、床の滑りが悪いので。だから机の運び方も、先に音を立てないような運び方を教えてしまうんです。食器とかも「ガチャンガチャン」と音を立てさせないようにします。教師になったころは給食の食器はアルミ製でした。私にとって金属の音は本当につらいので大変だったんですが、今は材質が陶器のような比較的音を立てないものに変わりました。お箸を持って来させ、スプーンはシチューのような洋食の時にだけ使うようにさせています。これは食事のマナーを兼ねられますよね。「食器をガッチャーンと返すと、見えないひびが入ってしまって、食器が痛いよ」って話してます。子ども達はとっても素直にそうっと返してくれます。お盆も金属だったんですが、やはり重ねて片づけるときに音を立てるので、自分で百円ショップに行ってプラスティック製のを買ってきました。そうやって、外的な条件をできるだけ自分が働きやすく整えるようになりましたね。

子どもたちにも自分の苦手なことをさらけ出すようにしています。たとえば、黒板を書いている途中にチョークを置いたらどこにいったかわからなくなってしまうこともあると知らせています。そしてちゃんとチョーク係をもうけました。「一人一役」として、色々な役目を子どもたちに割り振るようにしたんです。そうすると子どもが、自分の役目として覚えてくれます。だから最初は大変だけれども、新年度が始まってしばらく経つと、クラスでの子ども達の指導が快適にできるようになります。それぞれの係を一生懸命やってくれたら「ありがとう」と言いますし、子どもたちも自分の仕事にやりがいを感じ、先生の役にも立てると喜んでくれます。自分ではこのやり方はヒットだと思っています。「一人一役」は、今は他の先生方の間にも広がってきています。そうすると、「きょうのお手紙」の配り忘れなども防げます。「きょうのお手紙」係もいるし、「きょうの宿題」係もいます。それまではいつも忘れっぽくて大変だったんです。学校が終わってから、全員の家にギョウ虫検査セットを届けたこともあります。検査とか問診票とか、そういう大事なものに限って、大事にしすぎてしまいこんでしまっていましたから（笑）。

自分が担任している子ども達を、自分自身のサポーターになってもらえるように教えて、先生を助けてくれたら「褒める」。そして、先生ができることとして「みんなに勉強やルールを教える」。そういう学級経営なんですね。先生も子ども達もみんな一緒にそれぞれができることでお互いを補い合い、助け合う学級。なんかステキですね。子ども達も、自分が先生やクラスの役に立ってる！　という気持ちでハッスルしちゃうんじゃないかな。でも、それだけじゃ補えない問題点も多数あったのではないでしょうか？　私も小学校で教えた経験があるので、アスペルガーの特性に加え、さきさん独特の特性を思い浮かべただけで、他にもたくさんの困難な場面がイメージできてしまうのですが。対人関係とか計画やチームワークでの教育活動とか、保護者との対応など。

♪　私の特徴の一つとして、人の顔を見られない、覚えられないということがあります。学校では、当然子ども達の顔と名前を覚えないといけませんよね。それも新学期に早急に。その工夫として、始業式の日に一人一人大きめの紙に出席番号と名前を書いたカードを持たせて顔写真を撮ります。その名前カードは、後にそのまま机に貼って私から見えるようにして利用するんですけどね。写真の方はA４一枚に全員分が入るようにプリントしてパウチし、四六時中持ち歩いて覚える努力をします。この方法を思いついてからは、ちょっと楽になりました。

ちなみに、私の場合名前を覚えるのも非常に難しいのです。例えば「松本さん」なんだか「松山さん」なんだか「松田さん」なんだかいつもわからなくなってしまいます。これは何ヶ月経ってもダメなんです。名札がある場合や、子どもが席に着いて名前カードが見える時は、それを確認してから呼びます。あ、もちろん時差がありますけどね。問題は名前が見えないとき。う～んと考えて呼びかけますがよく間違えます。これも子ども達に最初に「苦手なこと」として話してあります。よく笑われますが、クラス運営が順調であれば、笑ってすませてくれます。私の方も「今度はどんな名前が飛び出すか楽しみにしててね！」と開き直っています。

子ども達は先生のそういうユーモアは、むしろ面白がってくれるかもしれませんね。

私が英国のバーミンガム大学で学んでいた時、教育統計学のG教授がアスペルガー障害でした。彼は自分の特性の一つとして「顔と名前を覚えられない」ということを学生に説明して、毎学期の第一回目の講義の時間は、聴講するすべての学生の写真撮影と名前や学科を記したカード作りをしていました。彼の講義を受けるすべての学生が、彼の特性を知り、そして聴講しながら彼のサポーターにもなっていってました。私は自閉症の教育を専攻していたので、特に気に掛けてもらって「トモコだけは覚えたよ。講義の後、時々、研究室に寄らないか」と誘われ、何回か実際に寄って、お話を聞いたりしました。なんか、相談に乗ってほしいって感じで私に接しておられて、誰にでもサポートを率直に求めながら職業を遂行しておられる姿が新鮮で忘れられません。

さきさんも、子ども達に何か特別な印象を持たれているかもしれませんね。


♪ 私がクラスを受け持った時、まず子ども達に話すことがあります。それは「どんな人にも苦手なことと得意なことがあるよ」ということなんです。「みんな苦手なことないかな？」と問いかけると、「あるある！　算数が苦手〜！」「ドッジボールがにがて〜！」「漢字がきらい〜！」など続々出てきます。それを踏まえて、「そうだよね。苦手なことがない人なんてないんだよ。苦手なことは応援してみんなで助け合おうね。得意なことは人にどんどん教えてあげよう。苦手なものをちょっとだけがんばってやってみようとした時に失敗しちゃったら悲しいよね。そんな時、ひどい言葉をかけられたらどう？　もうやる気なくなるよね。だから、やる気が起こってがんばれるように励ましてあげようね」と話した後、自分の苦手なことを話します。

「先生は覚えるのが苦手です。す〜ぐ忘れちゃいます。でも、こんな風に一生懸命努力してるよ。それでもすぐ忘れちゃうかもしれないから、そのときには教えてね」とか、「光や音がみんなの何倍もいっぺんに入ってきてね、すごく痛くなるんだよ」などどんどん具体的に苦手な部分を話して初めから助けを求めます。

そのことで、先生にだって苦手なことがあるんだと安心させることもできるし、私自身がみんなに理解してもらう第一歩にすることもできます。

子どもの想像する「苦手なこと」とは、普通運動とか勉強とかなんですが、人の話を聞くこと、素直に謝れること、じっとしていることなども「苦手なこと」ととらえさせます。だってそうなんですからね。普通悪いこととして謝れない子は「信じられない！　すごい悪い子！」って思われがちなんだけど、それも「すぐ状況を理解して謝ることが苦手な子」と捉えさせるんです。すると少しは寛大に接することができますからね。まあ、そう簡単でもありませんが。

あら、それは良い話ですね。子どもにとって大人はなんでも知っていて欲しい存在だけれど、大人も「間違ったり失敗したりする、苦手なこともある」んですよね。その実際の姿を先生から、率直に正直に見せてもらっている子どもは、『人は一人ひとり違っている。得意なことも苦手なこともあって、それで良いんだ』『できないことは悪いことではなく、これから学んでいくのでも許される』という基本的な人間理解を体験的に学んでいくことができるのではないでしょうか。最近ギスギスした教育現場の話をたくさん聞いたところだったから、なんか、肩に力の入っていない気持ちの休まる話だなぁ。

♪ また、私の感覚過敏の一つで、顔が濡れるのが苦手とか、裸足で濡れたところを歩けないとかいうのがあるんです。それはプール指導でとっても困ります。水泳はできるんですよ。水自体は好きなんで、海の深いところでプカプカ浮いていたり、遠泳など大好きです。でも、シャワーで顔にかかった水は一瞬で拭いたい！　当然指導中はムリなんですけどね。困っているのは、プールサイドを裸足で歩かないといけないことです。せめてつま先立ちで歩きたいのですが、ずうっとはムリですし。できるだけビーチサンダルで対応してますが、それも限界があるし。第一子どもが裸足だから教師だけビーチサンダルというのもねぇ……。すっごい不快です。

梅雨から夏、二学期にかけてはプール指導は欠かせないからそれは大変でしょうね。でも、それを長年なんとかやり抜いてこられたんですね。

他に何か職業上困るようなことは、どんなことがあるでしょうか？

仕事で困っていることの一つに、処理能力の遅さがあります。優先順位を決められないとか、必要か必要でないかの判断ができないということもあります。

その結果、同じ仕事をこなすのに人の何倍も時間がかかってしまいます。各授業時間ごとにノートを集めて、すべてに丸を付けたり、感想を書いたり……。それに漢字も一字一字ていねいに見ていたら、毎日それだけで何時間もかかったり。そういうことの積み重ねで、毎日午後九時前になるまで学校に残り、帰ってからも仕事をし続け、それでも終わらないという状況に陥ってたんです。そして学期末になると完全に大パニック状態。

それも、今は同僚の助けを得て、具体的に「このノートは毎時間丸をつけないでもいいから、このようにしたら？」とか「これは子どもに任せたら？」とか教えてもらってずいぶん楽になりました。

 ああ、それは、実行機能問題や、一度に一つのことしかできないというシングルトラック思考の特性とか、いろんな自閉脳の特性が良く表れたエピソードで、似たようなことは、一般企業に勤めているＡＳＤの人たちからもよくお聞きしています。

♪ それと、放課後、仕事を学校ですることができないんです。人がいる限り、気になって自分の仕事に集中できません。教室なら一人になれるので、ある程度できますが、どうしても職員室や印刷室なんかでないとできない仕事もあるんですね。で、そこに行っても、当然人がおられる。すると、してる振りをしても全くできないんです。結局、机の中のファイルを出したり、その辺のものをあっちにやったり、こっちにやったりだけだったり。他の方の声もみんな耳に入ってきてしまうんです。「あれ〜？　これどうなってるんだろう？」なんてＰＣの前から聞こえてきたら、また気になってしまうんです。当然「ちょっと来てくれる？」と応援を求められることもありますしね。で、あちこち走り回ってて、気がついたら夜遅くなってたり、誰一人おられなくなってたりするんです。ああ、また今日もか〜って感じになるんですが、そこからは俄然集

中して仕事ができます。

シングルトラックですものね。集中できないと、ミスも多くなりがちですしね。

感覚過敏とコーピング

今、お薬は何かのんでいますか？

リタリン、それと睡眠薬はもう何年ものんでいたんですが、今は止めています。

感覚過敏を抱えながら職業を成立させるために、独自でなさっている工夫はすばらしいですね。子ども達に無理もさせず、むしろ褒められて嬉しい気持ちになるようなサポートを担ってもらうなど、オリジナリティにあふれていて感動的ですらあります。

あと、マイ耳栓もあります（出して見せる）。これ、オーダーメードなんです。きれいな色でしょ？　好きな透明のブルーにしてもらったんですよ。補聴器の応用なんですが。補聴器の機械の部分をはずしてもらっているんですね。私の耳のかたちにぴたりと合っているんです。

それをこういう風にペンダント型の小さながま口に入れて、「これはまずいな」という状態のときには首から吊り下げておきます。いよいよ音の状況がまずそうなときには、片耳だけ入れておきます。両耳を防ぐと他になんの作業もできないし、見た目にも感じ悪いですよね。片耳だけでも耳栓をしておくと、こういう風に（首をかしげてそっと耳を押さえる）目立たないで耳をふさげます。どうしてもだめなときは両耳しますが、両耳してしまうと次に聞くときは、はずさなきゃいけないし……。以前は市販の耳栓やヘッドフォン型のを使っていたんですが、上手に入れられなかったりしました。これを作ってから楽になりました。

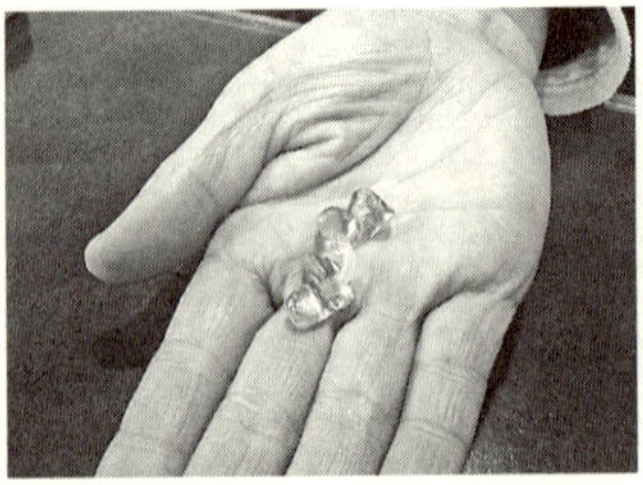
マイ耳栓

もうひとつ聞いていいですか？　よく、職場でも涙が止まらなくなる、とおっしゃっていたことがありましたよね。学校という職場では人目が多くて「涙を流す」という行為は、状況的になかなか難しいと思うのですが、あれはどういう風にごまかしているんですか？

最悪のときは、子どもたちの前でも涙を流しています。一回などは「涙が止まらない目の病気になった」とかなんとか言ってごまかしました。

職員室では？

職員室では、知っている人は知っているし、私はうつで一年半も休職していたから、アスペルガーとは知らなくてもどこか不安定なんだと思っておられるんじゃないでしょうか。以前と違うのは、そのことを話せる人を作ったことです。授業に行かなければいけないのに涙が止まらなくて、「教室行かなきゃいけないからこれを止めて！」なんて頼むこともあります。次々と、自分の処理能力を超えることをばんばん言われるとだめなんですね。以前学期末に、いっぱいいっぱいになって毎日遅くまで仕事をしていたのに、いきなり事務の人が忘れていたか何かで仕事がふってきて……。そのときは、大パニック状態で涙が止まらなくなりました。

音と光以外に感覚過敏はありますか？

♪ 金属は音だけじゃなくて感触も苦手です。

学校では教材費など、小銭の集金なんかもあるんですよね。その時も硬貨の音も感触もとても苦手なので工夫しています。他の方は子どもからの集金したお金をそのまま金庫に入れておいて、業者さんに小銭を十枚ずつ積んで支払いをされています。私はそれがとても苦痛なので、私の前で子ども一人ひとりに集金袋を開けさせて一緒にお金を確認した後は、一括して封印します。で、私の財布から同額の紙幣を出して交換します。支払いはそれでします。

するとその小銭はもう私の物ですから、時間のあるときに銀行に行って行員さんに手渡し、私の通帳に入れてもらいます。つまり自分では二度とその小銭は触らないわけです。

それは涙ぐましい工夫ですね。しかも、お金の勘定の間違いがなくてよいですね。学校というところは、子ども達から集めたお金の取り扱いや紛失については当然ながら厳格ですよね。でも、さきさんの工夫はルールに反しないし、むしろ確実ですし、さきさんご自身の感覚の特異性で困難な部分をもってしても職務を的確に遂行できる方法＝職業上のサバイバル・スキルと言えますね。

感覚の特異性を持っていると、定型発達の人には何でもないこと・何気なくやれることでも、本当に苦痛や苦労を感じるし、一般人がしない苦労と工夫を強いられる。その良い例と言えますね。
ところで、ねずみ類をたくさん飼っていらっしゃいますよね？　あれは感触が好きだからですか？

そうですね。それもありますね。中でも齧歯類のチンチラというのはふわふわで、とっても気持ちいいんです。

ある物についてとっても好きなものがあると、逆に同じジャンルにとっても苦手なものがあるものですよね。じゃあ、気温とかはどうですか？　これも感触や皮膚感覚の特異性には重要なファクターなのですが。

人工的な空気の暖房は苦手です。寒いときは厚着しても暖房はかけません。家ではこたつ専門なんですが、感触の好きなこたつ布団にくるまれてるだけで、電気はほとんど点けません。暑いのも苦手だから、学校は職員室でさえ冷房がなくて四十度になることもあり大変なんです。息も苦しくなるし、本当に死にそうです。皮膚が濡れる感触が嫌いなのにドボドボに汗をかくでしょう。すぐにシャワー浴びたくなるんですよ。汗がちくちく痛いし。でも、シャワーはないし、そのまま着替えてもすぐにべちゃべちゃになるから、本当に地獄です、夏は。

そして、私の場合、感覚過敏は、体調によってもかなり変化するんですね。皮膚なんかもひどい時には髪の毛一本に至るまで異様に過敏になることがあります。衣服はもちろんのこと、立っている足の裏でさえ、どうしもようないほど不快に感じてしまいます。無になって空中に浮かんでるしかないような感じなんです。そんな時には、どうにもならないので、物理的にできる限りの努力はします。髪はゴムでくくって、どこにも当たらないようにし、前髪も留めてしまいます。

普段の服装もＴシャツなんかのラベルを取ることはもちろん、素材から何からできる限り負担のないもの、ふにゃふにゃの綿とかにしています。もちろんストッキングなんか履けないんでいつも素足です。

音ばかりか気温などにも困難を持つ場合、学校という環境はＡＳＤを持つ人にとっては劣悪ですよね。

小学校って、感覚過敏のある方にとって、決して働きやすい職場環境ではなさそうですよね。

かなり大変だと思いますね。室温管理ができていないし、常時、人の出入りや通過があるし、授業中も音がするし、休み時間は騒音・校内放送などが入り混じり、感覚過敏の人たちに

とっては相当劣悪な環境といえます。教師ばかりじゃなく、実は、自閉症の児童生徒にとっても、従来の学校のスタイルは学習に適した環境とは言い難いわけです。

♪　そうそう。掃除機や、ひどい時には草刈り機の音がすごいんです。もう全く授業ができなくなってしまいます。学校にはＰＤＤ（広汎性発達障害）の児童とかもいるんですが、「うるさ～い!!」って耳を押さえて叫んだりしています。私も一緒に叫びたい（苦笑）。そう、それに最近よくあるのは、不審者撃退のピーピーなる防犯ブザーがあるでしょ。こういう時代なので、あれを全員子ども達が身につけてるんですが、よく間違って栓が抜けたりして突然鳴らすんですよね。甲高い音でピーピーピーって。あればかりは我慢ができず、授業中でもなんでも耳押さえをしてしまいます。

　なるほど。学校で調子の悪くなる子どもたちが多いのは、そういう環境要因もあるというわけですね。

　そうなんですよ。それは断言できますね。地球温暖化や季節の影響をもろに受けている子たちも本当にいるんですよ。

ところで、ねずみたちと出会ったのはいつ頃ですか？　どんな出会いだったのでしょう？

二回目の休職の前、（少し）調子が良くなって、（少し）仕事をがんばれる時期がありました。それで、心機一転マンションを買うことにしました。息子が小学校五年生のときです。やっと笑顔が出てきた時期でした。その家の隣に小学校一年生くらいの男の子がいて、ある日やってきて、「これあげる」とジャンガリアンハムスターをくれたんです。その前にホームセンターでジャンガリアンハムスターを見ていて、「何？　これ？　かわいい！」と思っていたんです。それでとりあえずそのハムスターをもらって、本屋さんで飼い方の本を買いました。それを見ながらホームセンターに行って道具を揃えて、今は色々な種類合わせて二、三十匹います。大きなケージや小さいケージなどが並び、一部屋ねずみ部屋になっています。私が家を出た今は、息子ががんばって世話してくれています。

自閉症の感覚の特異性の特徴として、過敏で苦手、という部分もあれば、好きで好きで癒される感覚というのも、人によってはあるわけです。さきさんは、触覚で嫌悪するものもあれば、特定の触覚刺激が一時的な癒しになるので、コーピング（手近な対処法）として、柔らかい素材でできたぬいぐるみをいつも持ち歩いていらっしゃるんですよね。

ところで、息子さんは今おいくつなんですか？

♪ 二十二歳になりました。

同僚との関係にはこういう工夫をしている

さて、アスペルガー障害の特性としてもっとも大きい「対人関係」のことを話題にしたいのですけれど、さきさんの職業というのは、対人関係と社交力が実力としてモノを言う職業とも言えるわけですよね。子ども達のことは先ほどうかがいましたが、では、職場の人間関係でどういう困難に直面したか、そしてそれに対してどう工夫したかなどを教えていただけますか？

♪ 職場の人間関係は難しいです。小学校って人間関係が多いでしょう？　職場があって、子どもがあって、保護者がいて。どうしてこんな苦手なことがいっぱいのところに来たんだろうって思いますよ。

とりあえず上司は置いておいて、一般教員同士の関係はどうですか？

♪ ちょっとおかしいと思われるかもしれませんが、私は教師になったとき、職場でまさか大人同士の人間関係が発生するとは思っていなかったんです。子どもたちとだけ向き合っていればいいのかと。

自閉の方が抱きがちな一面的なイメージかもしれませんね。

ところが教育実習に行くと、大人に観られるじゃないですか。子どもと自分の世界だと思っていたのに。「しまった！」と思いました。そして参観日もあるし。「え〜、でも小学校のとき参観日あったでしょ？」と周りの人に言われましたが、自分の中じゃ全然つながっていなかったんですね。子ども相手だとばかり思いこんでいたんですね。

でも実際は、教師陣から見られたり、親から見られたりしますね。

教師になりたての当時は、一学年五クラスある大きな学校に勤務してたんです。五クラスの先生たちが相談して、各教科の学習進度を決めたりしているという認識がなくて、「私のクラスは私のクラスだ」という思いこみがありました。私はずっと教室にいて、子どもたちとは仲良くしていたんですが。私にとっては、隣のクラスや同僚の動きはまったく目に入らず、目の前のものしかなかったんですね。

同学年にはあと二人新任教師がいたんですが、あとの人はちゃんと職員室に行って和をはかっていたようです。学年会（各学年ごとの担任団の会議のこと）とかも決まっていたんですが、そんなのもわかっていなくって、放送で呼び出されて「遅い」とか怒られて逆ギレしていました。めちゃくちゃでした。何年間も、学年の他の教師達とで相談して教育を進めるという意識はまったくありませんでしたね。何年か経ったときに「もしかして学年の先生たちはみんな相談しているのではないか」と気づきました。それでようやく相談の輪に入りました。

私も小学校教師だったのでわかることなのですが、絶対最初に新任で行ったとき説明があったはずなんですよね。でもさきさんは、まっすぐ前しか見てなかったから、頭に入ってこなかったんでしょうね。学校って新任・転任の先生には、そういった説明をきちんとするところですよ。ある面、教師陣も協調的に行動することで、保護者から『教師達は一致した考えで教育に携わっている』という印象を与えられるし、それが保護者の安心感や信頼感につながる、と信じているところが学校にはあるから。でも、学生生活からいきなり、「子ども達を導きたい！」という思いだけでまっすぐ教師社会に入ったさきさんには、きっと思いもよらないことだったから、聞いても脳に引っかからなかったんでしょうね。

♪ 指導要録とかも三月の末になるまで知らなくて……。

それも、ふつうは、四月に一度要録の説明と整理をしなくちゃいけないときがあります。それから、十二月か一月くらいに職員会議で何月何日までに出してくださいと連絡伝達されるものなんですよね。

そういう手順が自分の中で定着するまでに十年くらいかかりました。

覚えるのに時間がかかるということですか？

周囲の動きや提供される情報が、周りの人と自分にどのような関連があるか、瞬時に把握することが困難な脳なのです。だから、提供されている情報が大切なことだというブックマークがつかないんです。聞いてても情報の重要性や優先順位を判断したり、処理したりできないから。

ああ、ブックマークの問題なんですね。

聴力がいいのに、聞こえていることが脳まで届かない感じで……。生活しているうち、八十パーセントは脳に届いていないんじゃないでしょうか。自分の中で必要としている情報の幅が狭くて、私にとってほどんどの情報は必要じゃなくて、必要なものと思えるもの以外は入ってこない感じです。

情報処理のキャパがおそらく小さいんですね。そして自分の中で自分なりの物事の優先順位があるから、自分にとって優先順位の高い情報でキャパが埋まってしまうんですね。

で、それ以外の、本人に重要だという認識がない情報は、社会的・職業的に重要なものであっても、海馬が捨ててしまうんでしょうね。聞こえているんだけど、捨てていくんですよね。

♪ わずかなところしか引っかからないんです。

引っかかった情報がいったん短期記憶に保存され、それから長期記憶に移るんです。そしてそこをまた空にして新しい情報が入ってくるんですね。でも生活上の色々な情報は会話で入ってきます。さきさんの脳の場合、情報としてキャッチするには、会話はさらに困難なはずです。これはASDのコミュニケーションの質的問題でもあるのですが、一対一だとまだ会話の流れを把握することが可能であっても、三人以上になると、セオリー・オブ・マインドを働かせながら、しかも瞬時に言葉で表現されないメッセージを含めて会話の流れの微妙な変化も感知しつつ、会話と生身の相手に臨機応変に対応していく能力が要求されます。

その中で定型の脳は、ただの社交的言動を取るだけで済ませたり、重要な情報をより分けて記憶したりということを自動的にやっているのです。しかし、ＡＳＤの人の脳には数人以上の会話は筋が読み取れなくて、会話の結末もわからなくなることが多いんですね。しかもさきさんの場合、こういった教師間の会話や会議といったものが職員室という雑然とした場で行われるのです。いつ誰が入ってくるかわからないし放送も入るし、子ども達も突然来るし、部屋の向こうの先生も何か音を立てるという環境ですから、情報処理の機能を著しく圧迫する要因が多いんですね。それが職場の日常だったし、職場で重要で必要なスキルの部分が著しく弱かったのですから、どれが大切な情報で、どれがそうでないかということを瞬時瞬時に判断するのは困難だったことでしょう。その上、教師という仕事の一つ一つには社交性や集団行動といった対人的な問題も絡んでくるから、教師経験者の私としては、そして、さきさんの特性を知る私としては、小学校教師という職務の遂行だけでなく日々の学校生活でも、それはそれは想像を絶する混乱を来たされたのではないかと思うのです。見方を変えると、一つ一つ痛い失敗を繰り返す中から学んだたゆまぬ懸命な努力が、さきさんを一人前の教師へと成長させてきたのであろうとも考えています。もちろん、周囲の人たちの理解とサポートも重要で欠かせないものであるに違いないのですが。

♪ 朝の職員朝礼とかでも、連絡事項の伝達に一生懸命耳を傾けるんです。で、聞こえてはいるんだけど、本当に何を言っているのかわからないんです。日本語をしゃべっているはずなのに、日本語として認識できないんです。

瞬時に処理ができないんですよね。しかもそのときに温度が暑かったり寒かったりすると、そういうファクターが邪魔をしてよけい処理が難しくなりますよね。

なんで職員朝礼一回で、みなさんわかるんだろうと思って。だから、どうやら必要そうなことはもう一度同僚に訊くようになったんです。

それはサバイバル・スキルの一つですよね。それと、誰か訊ける人を作るというのは、周囲の人たちのサポーター作りが上手になったということで、物理的環境だけじゃなく人的環境もある程度は自ら整えるスキルも向上したということですよね。

今は校長と、同学年の先生他数人の人には障害のことを話していますし、苦手なことなんかも話しています。

そういう人的環境づくりも経験の中で学んで、上手になってきたことなんですね。

♪ それをできるようになってからちょっと楽になってきました。

重要な情報を聞き漏らしたりすると、すごく叱られたりはしませんでしたか？　たとえば提出日の期限を守れないとか。

♪ 例えば提出物でも、指摘されるとなんとか出したりしていたので、さほど叱られませんでした。

それだとストレスレベルは低くてラッキーでしたね。でも、さきさんが感じていなかっただけという可能性はないですか？

♪ ないです。私は叱られたことには過敏なので。わけがわからなくても、とにかく叱られたことだけはすごく残るので。

では、はっきり叱らないけど白い目で見られた経験はありますか？　そういうタイプの人っているでしょう？

♪ そういうこともありました。

そういうときはどうしますか？　さきさんの場合、白い目で見られていることは感じるでしょう、雰囲気で。ＡＳＤの人たちは暗黙の了解はわからないとか行間が読めないとかよく言われますが、こと自分に対する周囲の評価には極端といえるほど敏感で、そういうネガティブな雰囲気を鋭敏に感じ取る人たちが多いですもの。時にはそれが勘違いや思い込みである場合もあるにはあるのですが。さきさんもそういうことを感じ取るタイプですものね。

♪ 休職から復帰した翌年転勤があり、準備ができてないだろうと思われて、担任を持たされなかったんです。でも私にとっては居場所があることが大切なので、担任するクラスがないとダメなんですね。担任がないと、自分から気を利かしていろんな仕事を見つけてしないといけないんです。私にはそういうことが、ものすごく難しくて。そう申し出たんですが、担任は持たしてもらえませんでした。

でも職員室は人の出入りも多いし、居場所としても適切じゃないんです。それで体調をすごく崩して、起きあがれないような状態になって、よく横になって、ベルがなると起きあがって授業に行ってたりしていたんです。それをはっきり口に出して叱るのではなく、白い目で見ていた管理職がいました。それはいたたまれなくて、ますます具合悪くなり……。悪循環でしたね。あの年は悲惨でした。まだ話せる人もいなかったし。

担任をもてなかったら居場所がないって、よくわかります。いつもどこにいたらよいか、職員室でも落ちつかないだろうし、いろんなクラスの授業を持たされたり補欠授業（休みをとった教師のクラスの授業を急に担当すること）などもあって、授業も計画どおりに見通しを持ってできないし、その上、色んなクラスのいろんな子ども達を見なくちゃいけない。なのに子ども達も覚えられないのでしょうし。それは本当に大変だったでしょうねぇ。

　クラスを持っている今はどうなんでしょうか？　同学年の先生には障害のことを打ち明けているということですが、それ以外の同僚たちとは距離を置いている感じですか？　つかず離れずでやれているという感じですか？

職場には一人、とても理解して気にかけてくれる人がいます。家の中をどうしても片づけられなくて、家事代行の人を探そうとしていたとき、「知らない人はあぶないから」と自分の知っている人を紹介してくれて、自宅までついてきて、一緒に片づけまでしてくれたこともあります。その人を一番信頼しています。

その人をキーパーソンにしているわけですね。でも転勤になってしまったらどうしましょう？

そうなんです。これまでは発達障害ではなくうつの診断書を持って行って、ドクターからのアドバイスとして、状況の変化が少ない方がいいので知り合いが多い方がいいと訴えて、転勤させてもらったんです。今は以前勤めていた学校に戻ってきたんですが、少なくとも建物が一緒だし、何人かは以前勤めていたときにいた人たちとまた一緒になったので、助かっています。ただ定年までにはもう一度転勤しなくてはいけないので、それが問題なんですよね。

保護者との関係にはこういう工夫をしている

さて、ここまで同僚との関係について話していただいたんですけど、今度は、教師という仕事に特徴的である「保護者との関係」について。これも、職業にまつわる対人関係ですから避けられないことですよね。ただでさえ色々な保護者がいる上に、対人関係の問題という障害特性を持っているのですから、困難なこともあるし相当な工夫も必要でしたでしょうね。

私は実は「先生」と呼ばれることはとてもキライなんです。だから近所の人にも、知り合いにも極力教師という職業を明かしてないんです。

どうしてですか？

私にとって、「先生」というのは「エライ人」でなければならない、みたいなイメージがあって、そのイメージと自分とのギャップがたまらなくイヤというか、苦しいというか、恥ずかしいというか、そんな感じなんです。記憶ができないことの劣等感につながるんですが。簡単に「学校の先生しておられるんですか？　いいですね」みたいに言われるのもイヤだし。そんなこと、簡単に言わないで欲しいって思ったりしてね。めちゃくちゃ大変な日々だから。

それはとても謙虚な姿勢ですね。世の中には「先生」と呼ばれる立場になった途端、自分の等身大の姿を見失う人も多いですものね。私も反省しなくては。

私の障害の特性の一つに、聞いたことがわかりにくいだけでなく、どんどん忘れてしまうというのがあります。個人懇談会などでお母さんが自分の子どもについて、いろいろ話をされるでしょう？　一生懸命聞いてるんですけど、途中でもう何を話されているのか全然わからなくなってしまって、長～い話が終わって、「で、先生、どうしたらいいでしょう？」なんて聞かれても、何について「どうしたらいい」と尋ねておられるのかが、全然わからない。それでは話になりませんよね。で、必死でメモをとりながら聞くんですけど、それがまた元々、字がきちんと書けないという特性がある上に、緊張してるからますます全く読めない字になり、行もページも飛んでしまって何が何か見てもわからない。いつも困っていたんですね。

　で、二年ぐらい前、いいこと考えついたんです。それがＰＣです。個人懇談会の席に自分のＰＣを持ち込んで、保護者の話されてる間、できる限りメモをＰＣでとります。私には聞いたことをまとめて要点だけ書くなんていう能力は全くありませんので、聞こえてきた通り、ひたすら打ち込みます。多少変換ミスがあっても、その場の話なので、ある程度想像はつきます。話し終わられた時に、目の前のＰＣの画面にちゃんと字として残ってるわけですから、同じく「で、どうしたらいいでしょう？」と尋ねられても、その文面を見ながら応えることができるんです。これを思いついた時には、大ヒットだと思いましたね。当時かかっていた病院のドクターも絶賛してくださいました。

そういうことがあったんですか。

♪

ところが、それで大失敗があったんです。ある保護者が、管理職に私への不満を訴えに行かれました。保護者が話されている時にＰＣの画面に向かってパチパチ打ってることがすごく気になったというのと、横を向いて話している態度が、とても親身になってくださってると思えなかったと。そう、私は個人懇談会では、向かい合わずに横九十度の位置に座るんですね。これは何かの本で読んで、面談は真っ正面よりその方がいいと書いてあったので、私にとってもちょうどよかったので、昔からそうしていたんですが……。

そんなことがあり、管理職からも、保護者が話されてる間の入力は控えるようにと言われてしまいました。それでは何にもなりませんよね。今度はどうしようかな……？

自分の特性はある程度話して、その上で許可を得てから、入力させてもらおうかなと思っています。無断でしたことが感じ悪くとられたのかもしれないですもんね。

ちなみに、その保護者へはひたすら謝り、最後には和解することができました。

まぁ、せっかくの工夫だったのにね。でもまぁ、そうでしょうね。そういうことが気になる人はいると思います。話し手は相槌を打ちながら聞いてもらいたいのが普通の人の感情ですから。話を聞きながらキーボードをたたいて入力していると、聞いてもらってないと思った人もいたかもしれないのもわかります。でも、さきさんにとっては、相手の「聞いて欲しい」気持ちに応えるための精一杯の工夫だったんですよね。やはり、定型脳と自閉脳では、同じ目的でも違ったやり方を取るしかない場合があるのですものね。そういう違うやりかたや生き方、考え方を認め合い受け容れ合うことが、お互いを理解するということであり、それが社会的弱者の適応を

生み出す源になるのですけどね。

私だからできることは？

ところで、さきさんは私より少し年上でいらっしゃるわけです。今日まで教師を勤続なさってきたのは本当にすごいと思っています。対人関係などを主たる障害とするアスペルガー障害の人たちにはもっとも困難な職業かもしれなかった教師という仕事に対して、ここまでの苦労と工夫をしてでもやり抜いてこられたことの源泉になった情熱というか、この仕事に向けてさきさんを突き動かしてきたものはいったい何だったのでしょうか？　辞めるとか進路変更という選択肢もあったはずですが、それはもう思い込んだらまっしぐらで急に止まれなかったのだということはわかりますけれど。

一年半の休職中、一番苦しかった頃は、本当にもう一度教壇に立てるとは夢にも考えられませんでした。朝起きて、学校へ再び行ける日が来るなんて……。こんな私に学校での役割があるとは全く思えませんでした。でも、今の私はいっぱいダメなことばかりでも、私にもできることがあると考えています。逆に言えば私にしかできないこと。

それが、私のような発達障害を持つ子どもに寄り添うことです。本当は理解した上で、よい方向に導いていけたら一番いいのでしょうが、私には具体的な取り組みはなかなか難しいので。

なるほど。「自分のようにわかってもらえない子ども達を助けたい」という子どもの頃の思いを貫いたわけですね。その思いが自分を変えたりなんとか生き抜く道や方法を見つけるエネルギーを生み出しているんですね。しかし、それにしては、くぐり抜けてきた困難、いや、今現在も続いている困難と乗り越えるための努力は並大抵ではないと思いますが。

職員室などで、よく問題がある子どもの話題になるんですね。どの先生もそれぞれ熱心なので、そういう子達のことをいろいろ話されてるんですけど、私とはどうもちょっと感覚が違って、その輪には入りにくいというか、共感しにくいんです。う～ん、なんていうのかなぁ。聞いてて、なんか違う、なんか違うって思ったり。例えば「やればできるのに、どうしてやる気がないのかなあ?」という話に、「いや、やる気がないんじゃなくってぇ……」みたいに、まるで私のことを言われてるように感じて、いつも一人心の中でブツブツ言い返して（話して）ます。

それでいて、クラスの中の発達障害を持っているだろう子どもの行動に適切な対応ができないことが、いつもジレンマになっています。わかっていないでできてないのは当たり前だけど、わかっているのにできないことがとても苦しくなったりします。

そうでしょうね。対処したり教えたりというのは、やはりそのためのスキルが必要ですものね。そのときうまくできなかったとしても、子ども達の気持ちに寄り添うということにおいては、さきさんは、誰より誠実にやっておられると私は思いますよ。

二次性障害「うつ」との闘い

さて、さきさんの二次性障害であったうつをどのように克服してきたか、その経緯についてお話をうかがいたいのですが。

一時期、うつだったときは特につらかったです。

思いこみが激しいので、最初教師になったときは、「このために生まれてきたんだ」くらいに思ったんです。以前『アタックナンバーワン』を見てバレーボールを始めたときみたいに。でもうまくいかないことがいっぱい出てきて……。人との協力とか全然できなくて、すごく落ち込んで、私ほど向いていない人間はいないと思いましたね。打たれ強くなければいけないし、物事にある意味鈍感じゃないといけないし、保護者の方は次から次へと色々言って来られるし、悩んでいても授業はやらなくてはいけないし、次から次へと学校行事はあるし……。並行していくつもしなければいけないし。自分ほどこの仕事に合わない人間はいないと思いましたね。

それでうつになったんでしょうか？

♪ 初めてうつになったのは、入院がきっかけですね。それをさかのぼれば、以前の結婚が原因かもしれませんが。結婚が理由で、私は親に勘当されたんです。

失礼ですが、なぜ勘当されたんでしょう？　うつに至った経緯を大まかに知るためにお聞きしたいだけなんですが。

♪ 相手はとても評判の悪い人でした。出会った当時は妻子がいたんですが、奥様が病気で亡くなりました。十歳以上年上で、借金がある人でした。私は収入があって若くて、家事もやってあげて、今思うと利用されていたんだと思います。当時はそのことに気づかなかったんですが。

親も職場の人も、全員が反対したんです。でも相手に洗脳されていたんでしょうね。私はとにかく一つの考えがインプットされたらそれ以外には考えられなくて、「この人と結婚するしか道はない！」と強く思いこんでいて、他に道がなかったんです。結婚したから、離婚して別れられたのだと思います。それがなかったら、ずっと取り憑かれて別れられていなかったかもしれません。とにかく、生活するお金がなかったんです。若い私の給料しかなかったんです。すぐ息子ができましたが、急いで復帰したいと思っても、息子が病気になってなかなか復帰できませんでした。私自身の貯金もどんどんなくなっていって、ガスも止まって、電話も止まったんですが、借金取りからだけはかかってきて。借金取りは家にもやってきて、ピンポンピンポン鳴らしましたね。電話や「ピンポン」に対する恐怖はいまだにあるんですが、その時芽生えてしまったのかもしれません。

妊娠中も、つわりがとてもきつかったんですね。それで入院しました。職場の人がかっさらうように入院させてくれたんです。でも外泊許可が出るとサラ金に行かされて、自分の名義で借金させられました。私の給料も差し押さえを受けて、保育料にも足りないんです。でも夫の給料はないし、家には姑と先妻の娘さんもいて、全部私が養っていました。私は勘当されているし、帰る家もないんですね。それを見ていた同僚の先生で、大変だと受け止めてくれた人がいて、弁護士さんのところに連れていってくれました。そうしたらもう法的手段を講じて離婚と借金清算をするしかない、ということになりました。

私はそんなこと考えられなかったんですが。私一人だったら死のう、と思ったんですが、息子はまだ赤ちゃんです。私が死んだらこの子はどうにもならないだろうと思って、二人で生きていこうと思ったらもう家を出るしかありませんでした。その後お金の関係の裁判と、離婚の裁判と二つ抱えて、必死でやってきました。実家にもいったん帰りましたが、「どの面下げて」っていう感じです。孫も初めて見せたんですが、かわいいとは言ってもらえなかった。翌日にぼろぼろの家を借りました。学校も遠かったし、悲惨な生活でした。やがて、実家は相変わらずだったけど、ご飯を食べたり、お風呂に入ったりくらいはさせてくれるようになりました。

やっと裁判が終わって、実家の近くに公団があたって、保育園もあたって、すべて落ち着いたのが息子がもうすぐ四歳になるというときです。そうやって「これから母子家庭としてちゃんとやっていこう」とほっとしたときにA型肝炎になったんですね。肝炎はすぐ治る性質のものでしたが、この肝炎のために入院したんです。それで知ったんですが、入院っていうのはアスペルガーにとって大変なことなんですね。

まぁ、結婚と借金と出産と離婚と、そんな勢いで進んでいったんですか。それはもう考える余裕もなくて、本当に大変だったことでしょうね。入院についてはそうなんですよね。パーソナルスペースやプライバシーがまったくないし。アスペルガー障害の人には大変ですよ。特に大部屋だと。

そこでぼろぼろになってしまったんです。

たくさんの人が二十四時間まわりをうろつき回りますからね。絶え間なく音が聞こえているし、アスペルガーの人にはそれはそれは耐え難い環境ですよね。

♪　初めは「今まで突っ走ってきたから、ここらでちょっと骨休みできてちょうどいいわ」ぐらいに思っていたんですが、とんでもなかったんです。一睡もできなくなって、食べられなくなって。あらゆる精神の症状がでてきて、そこからうつになりましたね。四六時中看護婦さんが来ますが、そのために私はずっと目を開けていなくてはならないんです。そういわれたわけじゃないんですけど、気になってしまって目を開けていずにはいられなかったんです。よその患者さんの点滴も、全部私が気をつけていないといけないんです。それも頼まれたわけじゃなく気になって仕方なかったんです。で、気をつけていると看護婦さんに叱られるんです。「あなたは病人なんだからそんなことしなくていいです！」と。でも叱られても気になるから、叱られないようにさりげなく「あ、そういえばあそこの患者さん点滴切れてましたよ」なんていう言い方をして、二重に気を遣わなければいけない感じでした。本当に頭がおかしくなりました。

それは本当に大変だったことでしょうねぇ。一つ気になりだすと、気になって気になってどうしようもなくなるものですものね。さきさんとしては放っては置けなかったんでしょう。ところで、入院していた間、息子さんは？

♪　実家が預かってくれていたんですが、「もう大変だから早く退院してきて」、っていう感じで。そうやって退院して息子を引き取ったんですが、息子にしてみたらやっとお母さんが帰ってきたというのに、私は泣いているだけの日々でした。泣いているかゴミ箱抱えて吐き続けてるかで、子ども心にもショックだったと思います。悲惨なことばっかりで、子どもも不安定になりました。

うちの子も、多分、発達障害を持っているのではないかと思うのです。幼児のころから保健センターに通って、児童精神科医にかかっていました。そこで私は親の面談も受けていて、それにずいぶん救われていました。それがなかったらやっていけなかったと思います。

子どもは遊んでもらっているだけに私には見えましたが、ちゃんと考えてやってくださっていたんでしょう。何より、私へのフォローがあったので助かりました。一時期は虐待まがいのことまでしていたんですが、「これ以上やったら息子さんを入院させます。でなければあなたが入院しなさい」と言われました。そうなると私の親が、「じゃあうちで引き取る」ということになりました。下校後実家で面倒見てもらって、夜連れ帰るという時期もありました。私の方も肝炎が治ったから復帰はしたんですが、学校へ行く車の中で涙が止まらなくなかったり、職員室でも一言も誰とも話さなかったり、笑顔が全くなかったり、何年間もそんな感じでした。

トリガー（引き金）になったのはやはり入院だったんでしょうか。色々なことが重なっていたけれど。

入院となると生活が単調になりますよね。見るものが少なく制限されていて、考えたいことやりたいことからも切り離されて。それで、それまで張りつめていたものがぷつんと切れたのかもしれませんね。

入院がなくても、どこかで切れていたかもしれませんが……。

休職の間は給与は保障されるんですか？

自治体で少しずつ条件は違いますが、公務員の場合、ある程度の保障はされています。

病欠期間と休職の間はまた扱いが違います。休職の間は給与は出ないけど、積み立てておいたお金から出るといったように。精神疾患はまた違って、比較的長期間給与が保障されますが、復職がしにくいから精神疾患を理由にした休職はあまり勧められないんです。内臓の病気と両方持っていたら内臓の病気にしといたほうがいいとか言われています。私は一回目は肝炎で病欠をとり、二回目はうつ病で休職しました。

診断は大きなきっかけ

さきさんはそうやって、職業生活と不安定なメンタル面を、他人にはわからない凄まじい努力をして両立させてきたわけですが、安定してきたな、と思えるようになったのはいつ頃ですか？　もちろん小さな波乱は今でもたくさんあると思いますが。

♪ 休職から復帰して七年になります。

休職する前の時期がすごく大変でした。私自身が不安定すぎたのです。本当にめちゃくちゃでした。おそらく感情の不安定なままに怒ってたりして、子どもたちにしてみたら厳しく感じたと思います。指導ができないからドリルばかりやらせていたりして。その後、養護学級の担任になったんですが、いろんな職種の人間関係が難しく、それが引き金で小康状態だったうつ病が一気にひどくなったんです。

そうですか。でも復帰して七年継続できているということは、ここのところは割合と安定しているといえるのじゃないかな。私はさきさんとおつきあいしはじめて三年になりますが、あれから小さな波はあっても、比較的安定しているように見えますが。

♪　三年というと、診断を受けてからですね。やはり診断は、私にとってはとても大きなきっかけになりました。

自分を知るきっかけですね。

♪　それまで肝炎やうつのときから、十何個病名つけられたんです。対人恐怖症、買い物依存症、拒食症、過食症、忘れましたけど……。あ、自己臭妄想症というのもありましたね。これも体調によるんですけど、体調が悪いときは実際にアンモニアを発するそうです。だから妄想じゃなかったと思うんですが。でも当時はとにかく、精神的に病んでいる、というレッテルを貼られていたので。

　何かがましな状態になっても何か別のものを病んでいるような状態になっていました。そしてそれぞれの対症療法をしていても、どこか自分の中で解せなかったんです。こんなのじゃないはずだと思っても、何なのかわからないし。私はこんな病気じゃないはずだ、でも何かわからない、というイメージがずっとあって……。

　アスペルガーとＡＤＨＤの診断をいただいて、何故今までうまくいかなかったかその原因も理由も納得した上に、自助グループに参加することで、仲間ができ、励ましてもらったり、はっぱをかけてもらったりしながら対処法も考えて、いろいろなことがうまく回り始めたような気がします。だから、本当に、私にとって、診断は大きな人生の転換となったと思います。

人との絆はやはり大事

今のさきさんは、診断がきっかけになって色々なことがほぐされて、小さな波乱はあっても、ある程度維持できているように見えますね。私には、落ち着く方に向かっているように見えますね。そして、新しい出会いもあって……。

さきさんはご縁があって再婚され、今ちょうど、新婚生活を送っていらっしゃるわけですが、ひとつお訊きしたいんです。答えたくなかったら答えなくていいんですが。どうしてパートナーと一緒にいたいのでしょうか？　何を求めているのでしょうか？　やっぱり「安心」ですか？　それとも「受け入れてくれる人、わかってくれる人」がいるということ？　何なのでしょう？

♪

私は、自分の人生で、もう一度結婚することになるとは思ってもいませんでした。私自身過敏とかあって、難しい人間だから、一緒に暮らせる人がいるとは思わなかったし、一回目の結婚もああいう風に終わったし。彼氏はいつもいてほしいけど、一緒に暮らせる人が存在するとは思いませんでした。

彼氏はいつもいてほしかったし、今はだんな様がいて、ということは、常に人から安心をもらいたいんでしょうか？　さきさんは、別に生活の困難な家庭に育ったわけではないけれども、でも子ども時代から家族などの身近な人に共感してもらいにくかったですよね。そういうことが関係あるのでしょうか？

母が人とふれあうのが嫌いな人でした。自分の食べ物を子どもに与えたりもしませんでした。子どもを抱くとかなでるとか、そういう身体接触も全くなかったです。その「甘えさせてもらうことへの不足」はとてもあると思います。それを求めている気はします。何をしても怒られることばかりで、びくびく暮らしていたので、わかってもらえること、共感してもらえることへの飢えみたいなのもありましたね。

アスペルガーの人に共感性がないなどとよく言われますが、私は必ずしもそうは思っていないんですね。共感性が必要な場面で、その共感する機能がリアルタイムに働かず周囲の人に違和感や不快感を与えることはよくありますが。でも、皆、一様に、人を求めてはいますよね。英国で知り合ったアスペルガー障害を持つ女性で、オックスフォード大学の哲学科を卒業した人がいます。クレア・セインスベリという女性です。彼女が著作で述べているのですが、ＡＳＤを持つ人は共感できないといわれているが、人に対して思いやりを持つことはできる、ただ、相手の状況を正確に知ったり推測したりする能力に難があるから、解説をしてもらう必要があるのだ、というのです。そのため、相手の人が共感してもらいたいその瞬間に、適切な反応を返せないし、場合によっては不適切な反応をしてしまうので、社会性がないといわれることになるし、また、人間性そのものを誤解されてしまうことにつながったりするわけなのです。それでも、皆、人に褒められたり認められたり、周囲の人と対等に穏やかなつきあいを持ちたいと心から思っている人たちが多いのですよね。

私もそれはすごく感じます。

しかも、百パーセント受け止めてくれる人でなくてはならないんですよね。そういう人たちを見ると、一般的に流布している「人づきあいが嫌い」というＡＳＤのイメージって違うなあと思いますね。そして、一緒に歩む相手がいるっていうことは人生においてとても意味があるケースもあるんですよね。もちろん、結婚などしたくないと思って生きているアスペルガーの人も一方では厳然としていらっしゃるわけなのですが。生き方やあり方は多様ですものね。多様であることが許容されるべき世の中なのですものね。

今回の企画で様々な人に会いますが、アスペルガーの方が人を求めているということは、みんなに感じる共通点のような気がします。この部分は絶対伝えていかなければならないことだと思っています。

ところで、今のだんな様のどういうところに、さきさんは魅力を感じますか？

♪　なんというか、邪魔じゃない人なんです。私にとっては、たいていの人は邪魔なんですね。気配が邪魔だったり、においが邪魔だったり。でも夫は邪魔ではないんです。

私は別の成人当事者からも、配偶者について語るのに「邪魔じゃない」という表現を聞いたことがあります。そのときは意味がわからなかったんですが、お二人から聞くとわかったような気がします。感覚過敏がある方にとっては、「邪魔じゃない」のはとても大切なことなのでしょうね。

♪　もちろんそれだけじゃないですよ。私が苦手だと一度言ったことは覚えていて、極力避けてくれます。私にとって、魔法使いのような人ですね。換気扇の音が苦手といえば、今まで電気のスイッチと連動していたトイレの換気扇が別のスイッチに切り替えられていたり。カトラリーもすべて木製に換えてくれてたり。パニックを起こしても、思考が行き詰まっても見守ってくれたり、解決に導いてくれたり。今ではなくてはならない、もっとも安心できるありがたい存在です。

癒し

さて、このように、むしろいばらの多い道を自ら選択して数々の困難をくぐり抜けてきたささきさんですが、今、人生の「癒し」は何でしょうか？　今はだんな様ですか？　ご新婚ですものね。

恥ずかしいんですが、夫には、生きていたら九十歳になってもハグしてほしいと言ってあります。夫は、勤務前にハグタイムを設けるために早起きしてくれています。

コーピング・グッズは？

（ぬいぐるみを出す）これです。部屋いっぱい持ってます。寝るときも、場所によって置くぬいぐるみが決まっているんです。足下に置くのはこれ、とか。これはおなかのあたり、とか。それぞれの位置に好きな感触が決まっているんです。

なるほど。やっぱり、快の感覚刺激を与えてくれるものをコーピング・グッズとして持ち歩いて、住居や職場環境のあちこちにいつもちりばめる工夫をなさっているのですね。じゃあ、老後の夢は？

元々ネコ派なので、死ぬまでに一度ちゃんとネコを飼いたいんです。ネコのふにゅふにゅした感触や「我が道を行く」って感じのところが大好きなんです。老後の夢はネコと一緒にひなたぼっこするおばあさんですね。これは小さいときからのイメージです。

だんなさんと一緒に。

気の合う人とだけ暮らしたいです。

それが一番いいですよね。

これからのこと

仕事はずっとこのまま続けますか？

♪ 今は家のローンもあるし、結婚して夫の仕事場の近くに移って高速で長距離通勤のお金もかかるので、経済的な必要もあってできるだけ続けたいです。仕事は猛烈にしんどくても、仕事自体にやりがいもありますしね。でもしんどい日が続くと、すぐ気が弱くなってしまってもうダメだ~とかって思いますけど。それでも、また気を取り直して……の繰り返しです。

ねずみたちをいっぱい飼ったり、高速道路で長距離通勤したり、お金の使い方は割合大胆ですよね？

♪ 計算とか、予算建てとか全くできないんです。今自分がどれだけお金があるかもよくわからないんです。だから一回思い切って、書類を全部知人に託して数字を明らかにしてもらいました。でもその時だけです。だからこれからも誰かに管理を頼まなくてはいけないかもしれないなと思っています。

ということは、たぶん使い方の無駄もあるんでしょうね。でも私はさきさんにとって、ねずみたちを飼ったりするお金は必要経費だと思いますよ。長距離通勤の費用も、だんな様との心安らかな生活が大切なのだから、必要なお金ですよね。もちろん、生活の基盤そのものが逼迫するようならばいけないのですが。お金を遣う優先順位のつけ方には工夫が必要ですね。

私は自閉症スペクトラムの人には、その人の経済状態の中で許されるならばということが前提ですが、癒しのためのお金はなるだけ必要経費と考えるように言うんですよ。それを節約しなきゃいけないと思って「キーッ」となるよりは、生活を安定させるだけの精神衛生を保つための方策を採ることが癒しにつながる場合もあるのです。家庭を営む人の優先順位の第一位が癒しに使うお金であったり、その金額が莫大であってはいけないのですけれど。

その一方で、人に頼まれるまま断るスキルがないために、不要な保険にいっぱい入ってしまって、月々その支払いで生活ができなくなったりする人もいるんです

♪　私も金銭関係を整理してくれた知人に、無駄な保険に入っていると忠告されました。少し整理した方がいいとアドバイスされました。「これだけお金払っていますよ」とか言われて。でも私にとっては目の前のお金しか見えないから、それもわからなかったんです。自分がどういう保険に入っているかもよく知らなかったんです。
これまでは二重生活（新宅と旧宅）でお金もかかってたんですが、ようやく最近、旧宅に残っている息子から家賃をもらえることになり、光熱費も息子が払ってくれることになったので、助かります。

よかったですね。自分にとって大切なお金はかけたほうがいいですよ。ただしバランスと預貯金も忘れずにね。ところで、その息子さんなんですが、息子さんはさきさんにとってどういう存在ですか？

私にとって息子は、とてもとても大切な存在です。夫と共に、私の一番の理解者でもあります。私も息子が大好きですし、ものすごく愛おしく思っています。幼い頃苦労をかけたけど、今では息子も私に感謝もしてくれてますしね。とてもいい関係だと思います。

息子さん、就職が決まったんですよね。おめでとうございます。

ありがとうございます。実は、それがいちばん嬉しかったです。大変な子だったので。あの子に合ったところが見つかって、学歴とかではなく人間を見てくれる社長さんと出会えて、本当に嬉しかったです。

息子さんのことは、本当によかったですね。では最近は、さきさんご自身とご両親との関係はどうなってきたんでしょう？

……まだ苦労しています。父はおだやかな人なんですが、母は、あまりに私にとってイヤなことを言うので。ただ、ＡＤＨＤやアスペルガーの診断を受けたと話したことによって、かなりわだかまりは解けました。私の幼い頃のことから、無謀な一度目の結婚や、その後のいろんな言動が理解できないことばかりだって、ずうっと疑問に思われていましたから。やっと「そうだったのか！」とちょっとはわかってくれました。

子どもたちへメッセージ

これから大人になる発達障害当事者の青少年に、何かメッセージをいただけますか？

診断を受けている人ですか？

そうです。

だったら、「できないことはたくさんあるけれど、そこにこだわっていたら何もできないから、それはもう工夫して助けてもらうことにして、とにかく自分のできることを活かしていってほしいです。絶対何かできることはあるから」。私もそこを切り替えてから楽になりました。

よく、こだわって進まない人がいるでしょう？　でも、人をひがんだり、不満を言っているだけでは堂々巡りで前に進めないでしょう？

　という私も、診断受けた当時はものすごいコンプレックスの塊だったんですよ。賢い人に対するコンプレックス。私にとっての「賢い」というのは、記憶できる人なんですが。病院に行くと白衣着ている人が全員賢く見えて、嫌悪感のかたまりだったんです。

それは、要領のいい人ということですか？

はい。要領のいい人には未だに腹が立ったりすることもありますね。あまりに悔しくて悔し涙流すこともあります。とにかく記憶できる人に対して、ねたみがありましたね。

今は？

まあ、仕方ないかな、と思っています。

私にはさきさんは賢い人に見えますよ。ＩＱの高い低いではなくて。記憶や情報処理は難しい部分を持っているかもしれないけど、工夫をしていますよね。生き抜くためのスキルを編み出す努力を怠らない、その姿勢には頭が下がります。そして一生懸命生きているというのは、雰囲気にも現れていますよ。どんなときにも諦めない。どんなに落ち込んで泣いても、涙が乾く頃には、やはり人生への前向きな姿勢を取り戻しているものね。

♪　仕事上は、他の人には信じられないようなところで困ることが、本当に多いんです。たとえば運動会の準備。役割分担の表が出て、私と何人かでライン引きとか書いてあると、信じられないことでしょうけど、それだけで学校を休んだことがあるんです。リーダーが決まっていて、誰かが仕切って、「ここからここまで引きなさい」と言われるのならいいんですが、みんなで相談してラインを引かなければいけないかと考えると、誰がどうしたらいいんだろう、誰がリーダーになるんだろう、どこにどんな線を引くんだろうと思ってしまい、どうしていいかわからなくなってしまって休んだことがあるんです。休むまではいかなくっても、こういうことって多々あるんです。

あと去年、こういうこともありました。それまで仲良くしてくれていた同僚の先生に長い間、口を利いてもらえなかったんです。何か怒っているみたいだとさすがの私も気づいて、でも理由が思いつかなくて、何か月か経ってから「もしかして怒ってる？」とメールで訊いてみました。そうしたらわーっと理由を書いてこられて……。

研究授業をするときに、その先生が担当になったんですね。それでたしかに担当はその人なんだけれども、私も本当なら当たるかもしれない位置にいた人間なんです。つまり私がやる代わりにやってくださったというような。大体担当にならなかった人もいろいろ協力するのが暗黙のルールになっていたようです。他の先生たちは協力していたそうです。でも一番協力すべき位置にいたらしい私は、全然協力しようとしない。会議も最低限の義務の分だけ出てきて、意見も大して言わない。しかも、打ち上げの慰労会のとき、覚えていないんですが私が金曜日がいいと言ったらしいんですが、当日体調が悪いと言って出てこなかった。

それなのに次の日、夫と展覧会に出かけたことをあとで知った。夫がどうしても行きたいと言ったので一緒に行って、結局行き先で倒れたんですが。

そういうことすべてが、「信じられない」振る舞いだったそうなんです。その人には、障害の話もしていたんですけど。

でも私にとっては、その人が授業を引き受けてくれた時点で研究授業のことは自分の中からスコーンと抜けたんですね。会議に出て意見を言わなかったのも、何を言っているかよくわからなかったからなんです。でもまさか意味がわからないとも言えなくて、意見の言い様がなかったんです。悪気はなかったんですが。

「こういう人がいるのが自分の理解を超える」。と言われました。言われてみれば、その前年、私が研究授業をした時には、その先生が精一杯協力してくださったんです。その先生の思いを知ったとき、私はもうひたすら謝ったんです。本気でそれは憤るだろうなと思えたので。今は許してもらえ、再び話せるようになりましたが、すごく苦い思い出になりました。

そのときに反省して決めたのは、「こんなこと言われるくらいなら自分で引き受けよう」ということです。自分で引き受けたら忘れないし。協力っていう意味がよくわからないし、協力って何をすればいいのか自分ではわからない。でも自分が授業をする立場になれば、逆にみんな協力してくれるでしょうし、してくれなくても自分でやればいいです。その方が、私にとってはずっと楽だと思えるのです。

普通、そういうとき教師陣だったら、精神的協力などもするんですよね。難しい表現かもしれませんが、ささやかな行動でさりげなくサポートをするんです。たとえば、一緒に残ってコピーの一枚でも手伝おうか、とか。教材作りを手伝おうか、とか。それを、頼まれる前に自分で相手にとって役立つことを見つけて実行するんです。

♪ みんなしてました。でも、私には、その状況の理解が無理です。さりげなく、なんて……。

自分で気づくのは難しいですよね。状況判断も難しいでしょうし。

「してほしい」って言われたらしますが、でも、きっと、してって言ってしてもらってもその人には意味がないんでしょうね。

頼まれなくても進んで相手のやっている一部分を助けるというのが、一般人にとっての『さりげなく』の基本ですからね。さきさんだけじゃなく、ＡＳＤの人たちにはそういう社交的な言動をうまく判断して行うなんて事は難しいですね。また、相手のどの部分を手伝ったら良いのか、適切に推測することも、どのタイミングで行ったらよいのか判断するのも本当に難しいでしょうね。そんなこと、できなくても仕方ないです。森口奈緒美さんがあるとき講演で、「それは、習っていないサーカスの危険な曲芸を突然やらされるようなものだ」と表現されていましたが、まさにその通りだと思いますね。

親へのメッセージ

最後に、今、子育て中の親御さんたちへのメッセージはありますか？

先生からその質問が出ると教えてもらったので、昨日夫を相手に予行演習していたんです。そのときも言いながら泣いてしまったんですが……。

がんばって他の子と同じようにできたとき、「ほら、がんばったらできるでしょ」と言わないで欲しい。こう話している今も泣けてくるけど、ものすごい酷なことですよ、それは。その子は他の子と同じようにできるまで、周りには想像もつかない苦労をしているんですよ。だから親は癒しの空間を作ってあげて、ほっとさせてあげてほしい。それ以上がんばらせないでほしい。

私がものすごい嫌悪感があるのは「強くなりなさい」という言葉なんです。強いって何？って思うし。ただものの感じ方が鈍感なだけじゃないかと思うし。私が楽に対処できるときって、心身の状態がよくて、何かあっても過敏に反応しないときなんです。それを人は「強くなったね」と言うけど、強くなったわけじゃない。生きているだけで、そこにいる、というだけでめちゃくちゃ大変なんです。

そうなんですよね。感覚も過敏だし、存在するだけっていうのも、本当に大変なことなのですよね。

♪ だから、それ以上要求しないであげてほしいんです。それが私の心からの願いです。

さきさんとお会いして

いつだったか、さきさんから「私って何型なんでしょうか？　ある人は受動型だっていうけど、先生はどう思いますか？」と訊かれたことがありました。アスペルガー障害のサブグループとして知られているものの中には、受動型、積極奇異型、孤立型などがありますが、それはほとんど子ども時代の特性に基づいて分けられるので、大人になる頃に適応的なスキルを身につけた人はおおむね受動型に見えるようになっているといわれています。さきさんも今現在は受動型に見えると身近な人から言われるらしいのですが、もともとはどういうタイプだったのか。そう聞かれたので、さきさんの生育歴を調べたことがありました。そのときも思ったし、今回のインタビューでも感じたのですが、さきさんは典型的な積極奇異型だったことでしょう。

さきさんは私より少しだけ年上です。私の子どもの頃なんて世間に発達障害の概念などなく、変わった言動をする人は「変な人」という目で見られていたような記憶があります。それはどれほどつらかったことでしょうか。本人の一生懸命さはわかってもらえず、他と違う言動をするというだけで、叱られ、疎まれてきた経験は子ども心に本当につらかったというお話は、今の子ども達にも通じることです。そのときの経験から「自分のような子どもを理解する大人になりたい」という強い思いで小学校の先生になられたという経緯には胸を打たれ、その後の障害特性ゆえの苦労には涙がにじみそうになりました。

学校の教師の仕事は、子どもだけを相手にしていればいいのではありません。子ども達の後ろには保護者がいて、今の時代、その保護者との対応も仕事の一部です。担任するクラスは毎年のように代わりますし、毎年新しい子ども達が入学してくるわけですから、子どもの向こうにいるであろう保護者集団は、年々姿を変えて押し寄せてくる不特定多数の層の波にたとえることができます。また、同僚という教師集団も相手にしなくてはなりません。教師という仕事は、他者とのさまざまな次元の協調性を要求される公務員という仕事の中でも、特に「周囲との和を図る」「出過ぎない」態度、「場の空気や間を読む高度の社交スキル」を必要とされます。インタビューの中でもありましたが、その上、学校という環境は感覚の特異性を持つASDの人たちには劣悪といってよい状況です。実行機能や高い対人交渉力をフルに機能させなくてはならないので、ASDには適さない職種に挙げられる職業の一つかもしれません。

さきさんは、そんな中で、自分のような苦労をしている子どもを助けたい、理解して欲しいと願っている子どもに寄り添いたい、という、自分の子ども時代の心の痛みを忘れない人でした。その強い情熱が、さきさん特有の困難を乗り越える原動力であり続けたわけです。

さきさんと話していて、英国で出会ったクレア・セインスベリというオックスフォード大学哲学科を卒業したアスペルガー障害の女性を再び思い出していました。彼女はその著書の中で「自閉症の人たちは共感性がないといわれるが、相手の気持や状況がわかりさえすれば（それが困難なのだが）、相手に同情することはできる」と述べています。そして、クレアもさきさんと同じく、自分自身のつらかった体験から「自閉症の子ども達の役に立ちたい」と願って、自閉症の子ども達にコミュニケーションを教えるためのアシスタント教師をしていました。「いろんな人と付き合わないといけない教師という職業は向いていないと思う。だが、アシスタントならできるかもしれない」と言っています。また「ＡＳＤの成人達の多くが、これから生まれてくるＡＳＤの子どもたちに、自分達が通ってきたような苦しみを味わわせないために発言していきたいと思っている」とも語っています。こうした言動は、ＡＳＤの人たちが、実は愛と思いやり、そして平和を希求する熱情に溢れる人たちであることを証明しています。ただ、その場面場面で社交的に適切な解釈と言動を取ることができないために、誤解されたり、自分を責める結果になったりして周囲の人たちとの健全な人間関係を構築することができないということがあるのです。

私は仕事上、特別支援教育に関わっており、佐賀県特別支援教育専門家チームの一員として、多くの小・中・高校、時には大学まで出かけていくことがよくあります。専門家チームや特別支援教育巡回相談チームとのミーティングの際、「発達障害の特別支援」以前の問題、すなわち学級経営の問題や子どもを取り巻く社会や家庭の問題にも、多数遭遇することがあります。そのような中で特別支援を提供する側である一担任の抱える問題も膨大に膨れ上がっており、学級経営や学習指導の日々の教育実践に大きくのしかかってきている現状を見ています。特に教師の学級経営力は、いじめをなくし、発達に障害を持つ子どもが普通学級で仲間と成長しあえるような質の高い教育を実践する上で、非常に重要な比重を占めるものです。

さきさんは当事者としての経験や子どもの頃の体験を生かしつつ、よりよい仕事をしたいという思いをもって、一人ひとりの子どもたちの気持ちに寄り添った優れた学級経営の努力をなさっており、この部分は教師たちの参考になることも多いのではないでしょうか。具体的に手伝って欲しいことを率直にお願いして、身近な人たちをナチュラルサポーターに自然な形で仕立てていく工夫や、感覚の特異性のコーピング・グッズの工夫などには素晴らしいものがあり、学ぶところがたくさんありました。しかし、できれば、こんな苦労をしないですむように、これからは教師の理解度を含めた子ども達の教育環境を整えてあげるべきなのだ、それが、さきさんの本当の願いなのだし彼女の人生から学ぶべきことなのではないか、と、強く感じました。

一方で、他の進路選択はなかったのだろうか、とも考えざるをえませんでした。さきさんは、その衝動性と思い込みの激しさも手伝って、かきたてられた情熱に突き動かされ、立ち止まって多角的に検討する余裕もなく、まっしぐらに教師への道を突っ走ってしまわれました。『自閉は急に止まれない！』（ニキ・リンコ氏）からですね。さきさんもおっしゃっていますが、がむしやらであればあったほど、たくさんの周囲の人を振り回してもきたことでしょう。

「好きこそものの上手なれ」という言葉もありますが、「下手の横好き」という言葉もあります。さきさんは教師という仕事に、極端に向いている部分と極端に向いていなかった部分の両方をお持ちだったことでしょう。そのバランスが悪いから、教師になった後、周囲の人たちとの間でさまざまなトラブルを経験し、痛い思いもしながらそこからも何かを得て、「子ども達に寄り添う良い教師でありたい」という志を通し、自分の障害の弱点をカバーする術を身につけてきたのでしょう。


さきさんのように、自分の体験からこれから生まれてくる子どもたちに寄り添いたいという気持ちは崇高なものです。大切にされなくてはなりません。しかし、もし診断が早期であったなら、その情熱をもっと自分の障害特性（特に感覚の特異性）に合った職場環境でできる職業を選ぶチャンスも得られたかもしれません。どんな職場でも工夫は必要でしょうが、少なくともがんばりすぎて伸びきったゴムのようないっぱいいっぱいの状態にならなくてすむように人生を支援していかないといけないのではないかとも感じました。二次性の精神科疾患を発症しないで済めば、その方が良いからです。

さきさんと同じ情熱を持ちながらも、クレアは自分の特性を知り、より責任の少ないアシスタントという立場を選びました。また、学校教育とは異なるまったく別の職業も選択肢に入れることもできたかもしれません。ＡＳＤの人にとって適切な職業選択の機会を逃すことは、自滅への曲がり角を曲がったといっても過言ではないでしょう。さきさんのケースは、本人の凄まじい努力の上で結果オーライだったけれど、ではＡＳＤ者の誰もがそういう思いを持てば教師や心理職、福祉支援職などの人と関わる仕事について成功するのかというと、そうは言えない！と、私の立場では言わざるを得ません。

これからも、さきさんやクレアのような思いに駆られるＡＳＤの青年達は多く現れるでしょう。でも、その思いだけで心理職や福祉職でうまくやっていくことができると短絡的に思い込みすぎないで欲しいものだと願います。できれば、その思いを汲みながらも、適切な自己認知支援のもと、本人の人生にとってより良い進路や職業選択のお手伝いができればな、と、思わずにはいられません。

それにしても、よくよく聞いてみて初めて知った、さきさんの数奇でドラマチックな人生。ＡＳＤの人たちは人生観の持ち方がユニークな人が多いので、エキセントリックな生活を送る人は多いのですが、さきさんも、こんなに大変な人生を歩いてきていながら、ぜんぜんスレてないのはなぜなのか、もっと知りたい思いに駆られてしまいました。

息子さんにも自分にできるかぎりのことをして、一生懸命に育ててきたさきさん。ＡＳＤの人たちは時に相手を傷つけることがあったとしても、もともとはまったく悪気がなく、ただただ何かに一生懸命な人たちなのだということを、彼女の来し方は証明していると思いました。

どんなときにも人を信じ、自分の一生懸命さを信じ続けることのできた彼女の強さは、一体どこから来るのだろう？　つらい体験から落ち込む人は多いのに、そこからも何かを学び取るというのは、自分を信じながら謙虚に前に進んでいる人に共通する特性といえます。誰も恨まないで、ただ前に進むだけ。そして、どんなときにも人に対して優しい気持ちを忘れない。ただし、周囲の人の気持ちや状況に気づいた時は（あるいは支援者が解説してくれた時は）という条件つきですが、それはＡＳＤですから仕方がありませんね。

いやあ、感動しました。人間関係の大変さといい、冷房が入っていないことといい、教師って職場環境としてつらいところもあるんですね。少なくとも、私のような人間には向いていないかもしれないと思えてしまいました。もちろん先生たちはやりがいを感じているんでしょうし、公務員だから休職とかもできて安定はしていますが。でも私のような人間にはむしろ、休職の保障よりも常日頃、あまり人間関係に気を遣わないでいいことや、言いたいことが言えるほうが大事だったりしますから。ただし、心身が安定していないという自覚がある人には、公務員ってセーフティネットとして大きいなあという気がします。

そうですね。

ところで次の人は、私から推薦していいですか？　作家の成澤達哉さんなんです。『MYフェアリーハート』という自閉スペクトラムの女性を主人公にした小説を書いた方ですが、先生も面識がありますよね？

佐賀にお招きしたこともあります。なんだか最近、新しい仕事についておもしろくて仕方がないようですね。

そうなんですね。私は成澤さんと、何ヶ月か前からかメールを交換するようになったんですが、最近転居したというので、どうしたのかな、と思ったら、都会で「バイク便ライダー」のお仕事に就かれたそうです。バイク便ライダーっていうのは、オフィスが密集している地域で、宅配便より早く、その日のうちに書類や物品をバイクで運ぶ仕事なのですが、十年くらい前から、私も利用するようになりました。比較的、新しい業界だと思います。

この仕事は、成澤さんにぴったりだと思うんです。なぜなら成澤さんは、やはり身体感覚の問題があるのか、四輪の車は（免許は持っているけど）あまり得意じゃないようなのですね。でもバイクは得意なんですって。それに、地図を読むのも得意なんですって。これは自閉っ子の皆さんには多いですよね。

そうやって自分の適性を見極めて仕事を選んだのを聞いて「秀逸な職業選択だなあ」と思ったんですが。

本当にそうですね。では、成澤さんにお会いしに行ってみましょうか。

自閉ライダー、前進!

成澤達哉さん(作家・バイク便ライダー)と語る

わざとじゃないのに

服巻  成澤さん、今日はお越しいただいてありがとうございます。さて、改めてご紹介するとすれば、成澤さんは童話作家ですよね？　今は別のお仕事もなさっていますが。

成澤  そんな大層なものを名乗る者ではないです。

 じゃあ、今、自己紹介するとしたらどうなりますか？

 駆け出しのバイク便のライダー、と申し上げておきましょうか。

 診断を受けるにいたった経緯というのは、どのようなものでしたか？　今まで成澤さんが書かれたものに目を通しても、あまり自分のことは詳しく書いていらっしゃいませんよね。

実を言いますと私が小さいころから、親は疑っていたみたいです。でも、認めたくないという思いがあったようです。懸命に、順応できるようにしよう、「普通」にしようと考えていたそうです。そんな思いからか、幼稚園も三年保育に入れたんですね。

三年保育に入れる前、三歳前からご両親は気がついていらっしゃったんですか？

私は二番目の子で、上に兄がいましたから、何かが違うということはわかったようです。

親御さんは、幼稚園の先生からは何か言われたんでしょうか？

診断に関することを言われた形跡はないけど、問題児だったみたいです。何かというと騒ぎを起こしては、教員室に連れていかれるという状況がよくありました。

自分でもそのことを記憶していますか？

はい。

三歳児検診の時に、何か言われたんでしょうかね？

それは聞いていないです。

教員室に連れていかれるきっかけになったのは、たとえばどういう出来事でしたか？
何か覚えていますか？

うっすらとしか覚えていないんですが、いつも目をつけられていたみたいです。

自分では「騒ぎを起こしてやろう」とか思っていたんですか？

そんな思いはなかったです。

一生懸命、まじめにやろうと思っていたんですね？

ただもう、何がなんだかわけのわからない状況にいきなり放り込まれたっていう思いがありました。

怒りもありましたか？

たぶんあったと思います。

たしかに「放り込まれた」という言葉からは、怒りを感じますね。助けを求めようとは思いませんでしたか？

そのときは、まわりにどんな人間がいるかすらもわからなかったんです。

じゃあ、こわかったでしょう？

浅見　助けを求めることはしなかったんですか？

はい。誰がどういう名前かとかも、全然興味がない、わからない状況でした。

楽しかったことの記憶はありますか？

あまりないですね。

学校に上がったらどうでしたか？

これがさらにひどい。入学してからすぐ、問題児扱いになりました。

自分では、問題を起こそうと思っていた訳じゃないんですよね？

思ってません！　そんなこと。

思っていないのに問題児扱いされたんですか。いったいどんな出来事が起きたんでしょうね？

何かあるとパニックを起こしていたんですが、それが、頭がおかしいんじゃないかという目で見られて……。そんなことをしちゃいかんとばかり言われていました。わざとじゃないのに。

それはわかります。わざとじゃないですよね。

わざとじゃないのにそういうことばかり言われました。ことごとく、おかしな子だ、おかしな子だといつも言われていました。

同級生はどうでしたか？

同級生も同じですね。

心を許して話ができる相手はいましたか？

いませんでしたね。というか、そんなことも、もうしたくありませんでした。

家族の印象

家族とはどうでしたか？

家族という意識も、そのときあまりなかったもんで……。一緒にいつもいる人という意識しかなかったんです。

実を言うと、小学校に入るときに両親は普通学級に入れるか、特殊学級に入れるか、考えたらしいんです。

それをいつ知りましたか？

五年くらい前ですね。そう聞かされました。

以前、親御さんから「普通になれ」という言い方で叱られたと話してくれたことがありますが、そう叱られることはよくあったんですか？

よくありました。

他の子と同じようにやれということですよね。その当時はどう聞こえていましたか?

自分としては普通にやっているのに。いつもそう言われるのが納得いきませんでした。

診断を受けたのはいつでしたか?

五年前ですね。

そのときに、ご両親から当時の話を聞いたんですか?

その前に聞いたんです。診断を受けに行こうと決めたときに。

学校生活

小学校、中学校、高校はどうでした?

……すみません。私にとっては、中学・高校はなかったことにしているので、そこをお話しすることはできないです。

わかりました。実は聞きたかったのは、高校はいわゆる「普通科」に進んだのかどうか、ということなんです。それだけです。

普通科に進みました。

わかりました。それだけで結構です。大学はどうでしたか？

これがもう、今までとは比べものにならないくらい心安らかに過ごせた空間でした。

自由だったからですかね？　大学生活は自由でしょう？

とにかく……今までで初めて楽しいと思えたんです。

それはよかったですね。地元でしたか、大学は？

親元を離れて、関東へ行きました。

学科はどういう学科でした？

外国語学部でした。

どうして外国語を選んだんですか？

私は言葉の使い方に難があったので……。

進路選択の時期には、そのことをすでに自覚していたんですね。

はい。ですからあえて言葉の使い方を勉強してみようかと思って、外国語学部を選びました。

楽しかったですか？

外国語を学んで、かえって日本語の理解力が上がったんです。

それはすばらしいですね。四年間学業はスムーズでしたか？

はい。

サークル活動とかはしましたか？

クイズ研究会に入っていました。

あら、おもしろそう。成澤さんって、結構ひょうきんですものね。

そ、そうですか？

そうですよ。言葉で遊んだり、ユーモアがありますよね。だから内容的には向いている気がしますよ。気になるのは対人関係ですが、コンパとかはありましたか？

コンパもありました。私も出ました。楽しかったです。ああいう会合にはできるだけ顔を出そうと努めていました。

サークルの仲間にはどう受け止められていましたか？

まわりもアクが強い連中だったので、私もそんな変な目で見られなかったですね。

そうやって、サークルを楽しんで、ちゃんとコンパにも誘ってもらっていたんですね。幹事などはやりましたか？　持ち回りで幹事をやったりする機会もあったんじゃないでしょうか。

それはしませんでした。うちのサークルには、専門の部署があったんです。

コンパの幹事専門の部署？　そんなに大きなサークルだったんですか？

四学年合わせて三十人くらいいるサークルでした。

そうなんですか。で、大学は四年で順調に卒業したんですよね。その後就職はどうしましたか？

就職を考えたとき……

実を言うと、大学にいた四年間で、サラリーマンでやっていくのは無理だろうと悟っていました。

それはまた、なぜ？

大学時代も、基本的な人とのつきあいができていなかったんですよ。

例えば？　例に挙げると？

つまり、社会人として学ぶべきことを全然吸収していなかったんですよ。

それはどうしてわかったんですか？　何がきっかけだったんですか？　先輩から言われたんですか？

いえ、自分で自覚したんです。

どうして自覚したんですか？　成澤さんは挨拶はきちんとできますよね。遅刻もしないですよね。なのにどうして、社会人としてやっていけないと気づいたんですか？

一般に就職しようとすると、どうしてもチームワークが大事になってくるっていうことに気づいたんですよ。

それを自覚できるのはすごいことです。どういう場面でわかったんですか？　実習とかでですか？

アルバイトの場面でですね。

二年前、トニー・アトウッドを招聘したとき、こういうことを言っていました。チームワークを学ぶのはとても困難だ。そして、社会に出るには「チームワークが必要」だと知ることだけでも大切なことだ、と。たとえ、完璧にチームワークがこなせなくてもね。そしてチームワークが苦手なら、苦手な自分に合った職業を選ぶことを考えるべきだ、と。

成澤さんはそれをまさに自分で学習してその見地に到達したわけですね。チームワークが大事で、でも自分がそれを学べなくて、学べなかったことを自覚して、チームワークのいらない仕事を選ぼうとした。すごいですね。自分で自分を知ったのね。まだ大学生だったんでしょう？

そこまで自覚できたということは、成澤さんが触れたくない、中学・高校の暗黒の時代の経験にも学んだことがあったはずですね。そして大学で楽しさを知って、自己実現して。でも自己実現しつつも、一貫して自分の中にあったものを直視するようになったのですね。えらいですよ。

ほんと、えらい。

それを自覚したあとはどうしたんですか？

何か、専門の職に就こうと思いました。

なるほど。そしてそれは何だったんですか？

最初はデザイン系の専門学校に進みました。でも、これは失敗でした。入ってすぐ、たちの悪いいやがらせを受けたんです。

思い出したくないだろうけど、どういうことだったか教えてください。

机の上に、ばかにされたような落書きされたりして。

じゃあ、デザイン系の仕事の中身が向いていないわけじゃなくて、その学校の文化も合っていなかったということ？

今考えてみたら、デザインの仕事も合っていなかったと思います。

じゃあなぜ選んでしまったのでしょう？

自分を過大評価をしていた。自分にはこれができるだろうと思いこんでいたんです。

なぜ？　思いこんでいた根拠は何だったんですか？

ふだんから授業の最中に落書きをしていたりして、絵が描けると錯覚していたんですね。

浅見さんがよく言う「作文コンクールで入賞したからと言って作家になれるわけじゃない」という例の一つですね。みんな駆けっこはできるけど誰もがオリンピック選手になれるわけじゃない、とか。それを自覚したんですね。で、そこは卒業したんですか？

もちろん辞めました。その学校、数年後つぶれました。早々に立ち去ってよかったと思いました。

手先の器用さを活かしてみようか

辞めた後はどうしたんですか？　次の進路を考えなくてはいけないでしょう？

昔から私は図工や美術が好きで良い評価も受けていたので、手先でモノを作る仕事がいいのではないかと思いました。それで、歯科技工士の専門学校に行くことにしました。

なんでまた歯科技工士なんですか？

あれこそ手先の器用さが求められる仕事です。しかも、人との関わりが比較的いらないということで。

どうして知ったの？　そういう仕事だと。

リサーチしたんです。

リサーチして、その中で選んだんですね。他にどんな仕事が候補に挙がりましたか？

他にはありませんでしたね。もう一度デザイン学校も考えましたが、同じことを繰り返すのが怖いのでやめました。

私は歯科技工士という仕事については、ずいぶん大人になってから知ったんです。手先の器用さや集中力が求められるし、仕事中はしゃべらなくていいのよね。孤独にコツコツやればいい仕事なんですよね。ただもちろん、人間関係は発生するんだけど。そして日中の休みはあまりない仕事ですよね。生活ルーティンがきちんとしていて。だから自閉の人に向いているかなあと思いましたよ。

その学校に行って、資格をとったんですか？

はい。

学校の文化としてはどうでした？　いやがらせは受けましたか？

いやがらせもなかったですね。

どうして美術系ではいやがらせがあって、技術系の学校ではなかったのでしょう？

金で入るか、選抜試験で入るかの違いじゃないでしょうかね。

デザイン学校は選抜試験がなかったけど、歯科技工士の学校はあったということですか？

そうです。技工士学校は選抜試験がありました。デザイン系の学校は金と願書さえ出せば誰でも入れるところだったんです。

なるほど。それに、芸術系の人は気まぐれな人も多いからということもあるでしょうか？
それと、大学でハッピーだったのは、ある意味で同じ学科とかサークルとかでは興味関心が同じような人が多いせいもあるのではないでしょうか。大学が心地よいというアスペルガーの人は多いんですよ。でもまあ、うまくいった人の話であって、もちろんうまくいかなかった人もいるんですが。技術系の学校はある程度選ばれてきているし、ここで資格を取るんだという目的がはっきりしていますよね。

ちゃんと勉強しなきゃいけないから、あまり人に意地悪しているひまがないでしょうね。
それに、グラフィック・デザイナーは今、コンピュータの進歩もあって、バリアが低そうに見えるんではないでしょうか。実際にはもちろん、コンピュータ以外の能力だって営業力だって必要なんですけどね。でもそれが見えなくて、自分にもできるとカンチガイして入ってくる人は多いかもしれません。入ったあとの淘汰はきついけど、入るまでのバリアは低く見えるかもしれない。

職場で浮いてしまったのはなぜ?

なるほど。で、歯科技工士の学校は何年間だったんですか?

二年です。二年で卒業して、学校の進路指導で歯科医院の技工室で働くことになりました。でもこれがまた、私にとっては精神的に滅入る空間だったんです。

なぜでしょう?

技工室の空間だけだと、まあ気が楽なんです。一人でできるし。でもそれと、他の職員の方たちとうまくやっていくのは別物なんですね。

そうです。別物なんですよ。職場で活かせる技術と職場で求められる対人関係力は別物で、しかも、職業で成功するには多くの場合、その両方が必要とされるのですものね。

……で、そのうち、完全に疎外されてしまったんです。

疎外されている、と感じたんですね？

感じました。最初はスタッフの皆さんと昼休みに一緒に食事をとっていたんです。で、自分としては会話を持とうと自分から色々話をしたのに、かえって浮き上がってしまったようで……。疎外されてしまったんです。

浮き上がった原因はわかりますか？

それがわからないんです。私としてはもう、自分から話をして、会話に乗ってもらおうと思ったんですけど、まわりの人たちは「何この人」っていう目で私を見て……。

そこが社会性よね。

その原因がわからなかったんです。

今はわかりますか？

いえ、全然わかりません。なんであんなに疎外されてしまったのか。

私にはわかる気がしますよ。説明してあげられると思いますよ。

はい。

どっちが悪いのでもなく、自閉症スペクトラムに関して、両方からの理解があるかどうかが問題なんですよ。具体的に言うとね、成澤さんが面白いと思って話したことが、あっちには面白くなかったのかもしれないし。

感覚にずれがあったんですね。

あったと思います。それにたとえば成澤さんのコメントが、詳細にわたりすぎたり、長すぎたりしたかもしれない。専門性が高すぎると、みんなわからなくなりますからね。

ああ、それでしたか〜。

そのとき、歯科技工士さんたちの間でどんな会話があったかはわからないけど、そういうことが発生しただろうことは理解できますよ。成澤さんと他の人たち、どっちが悪いのでもないですよね。たんに、おもしろみを感じるツボが違うんです。それで、成澤さんが良かれと思って誠意をもって発言しても「なんだこの人」と思われる結果になってしまうかもしれないとは思います。

そういうつもりはないんですけど……。

もちろんないですよね。

私の行動自体もおかしいと思われたようです。それで完全に、話をしてもらえなくなったんです。

傷つけてしまう言葉だったらごめんなさいね。でも固定化した少数の人間関係の中で奇妙に見えることがあると、人間ってどうして接していいかわからなくなるんですよね。

ちょっといいですか？　そのあたり正直に言ってしまうと、自閉っ子の皆さんのお話が私自身に興味の持てない分野で、退屈するほどつまびらかにしかも長くなったときは、途中から「省エネモード」で聞いていることがあります。要するに「あんまりちゃんと聞いてない」なんですけど。定型発達者って、フマジメなんですよね。

それに浅見さんの場合には、それが日常ではありませんよね。職場の人って、毎日、しかも家族より長い時間を過ごしますよね、一緒に。

「ファジーになりなさい」

ふまじめという言葉が出ましたが、私も物事に対して極端思考なんです。ゼロか百か、白か黒か、表か裏か。差が大きすぎるんです。これに関しても親からよく、ファジーになれと言われたんです。

それは難しいですよね。ファジーってどのくらいの範囲なのかわからないし、落ち着く先がないですよね。またファジーな範囲も人によって異なるものだし。

ファジーになりなさいと常に言われていたんですけど、それができなくて、余計に落ち込んでしまうんですよ。できないから。

不安にもなるし、不安定になるし、いらいらするし、ね。

周囲の人はそんな私を見ると「なんでこれくらいごときのことができないの」という目で見るんですよ。それがつらくて。

白か黒かと突き詰めると、細かいところで気になる点をとことん周りに訊いたりしたんじゃないかな。こうじゃないか、とか、ああじゃないか、とか。でも親ってファジーだから、あるときはいいと言いあるときはだめと言うでしょう。そうしたら、この間はいいって言ったじゃないかとか、悪いって言ったじゃないかとか、問いつめたんじゃないですか。

それはありますね。それが仕事の面でも影響していました。

そうでしょうね

あるときは、疑問に思ったことを自分なりに考えて作業を進めたんです。そうすると上司から、勝手に進めるなと言われました。私に訊け、と言われました。で、なんでも訊くことにして、あるとき訊きに行くと、いちいち訊くな、自分の頭で考えろと言われる。どうすればいいんだ？　と混乱に陥りました。そのせいかもしれませんね。疎外されたのは。

そういったことも影響したかもしれませんね。

それで結局、精神的にかなり参ってしまいました。どうしていいかわからなくて。

何年働いたんですか？

三年働いたんですが、神経をすり減らした三年でした。

一度覚えたやり方を変えられない

そういう話を聞くと、やっぱり、リエゾン（架け橋）になる人が必要だと思いますね。通訳が必要ですね。成澤さんほど自分の弱点を客観的に直視して学ぶ姿勢をなくさない人でも、職場に定着して周囲とうまくやっていくには、何がどう違い、どっちがどのくらい合わせるべきか、双方に解説する人が必要ですね。どう思いますか？

そりゃまあ、いたほうがよかったですけど、でも状況は変わらなかったと思います。

どうして？

実をいうと診断を受けたときスタッフの人に言ったんですよ。でもあまり反応はなかったんです。「ふ～ん、そうなんだ」というだけで。別段配慮しようという気もなかったようですね。

あら、それだけでは私は無理だと思いますよ。診断を受けたという報告を受けたとしても、じゃあどう配慮すればいいのかは、職場の人も自閉症に関する教育を受けないとできないんですよ。やはりそこには、第三者が必要です。一般人に知っている人はほとんどいないから。

う～ん、そうですか。まあそれと、三年勤めたけど、なかなか腕が上がらないっていうこともあったんです。これ以上そこにいると、神経おかしくなりそうで、結局辞めたんです。それで今度は新しい技工所に移ったんですけど、これがもう大いなる失敗でしたね。

どういう風な失敗ですか？　技術が活かせなかったんですか？

私にはひとつ、致命的な欠点があったんです。一度ひとつのやり方を覚えると、それしかできなくなるんですね。

それは自閉症の特性ですね。

職場を変わってしまうとやり方も変わってしまうんですが、それに順応できませんでした。

そういうときに、まわりの人に教わることはありましたか？　まわりの人は教えてくれましたか？

教えてはくれました。ただそこの社長が、何かというとすごい剣幕で怒鳴り散らす人で。そのたびに「どきん」としてしまいました。

大声にびっくりしたんですか？

それもあります。それに、私を明らかに嫌悪の表情で見るんです。入社したときからそうでした。

助言を求める大切さ

自閉症の人に対する職業訓練で重要なのは、助言を求める練習なんです。子どものときからそういう練習を積むんですよ。そして、助言を受けたときに、それを受け入れる練習もするんです。成澤さんが言う通り、自閉症の人は一度身につけたことを変えるのが難しい面があります。新しいやり方に抵抗しているわけじゃないけどやり方を変えられないという人もいれば、本人が意図しないまま、実は、やり方を変えることに心理的な抵抗がある人もいます。だから子どものときから大人になったときのために訓練をするんです。あなたはこういう特性があるからね、と知らせて、働き始めてからいったん思いこんでしまっていることについて助言を受ける訓練をするんです。そしてその助言が、自分としては思ってもいないことであっても受け入れる。それが職業適応の大切なポイントなんですね。でも成澤さんは、よく気がつきましたね、それに。

成澤さんは本当に、自分で色んなことによく気がつきますよね。

気がつかずに人を責めるだけで終わる人も多いのに、成澤さんは自分にも欠点があったということに気づいて、当初は悔しかったでしょうけれど、今は冷静に考えていらっしゃいますよね。それが今の成功というか、とりあえず安定した生活につながってきたのではないかと思いますが。

今も成功もしていないし、冷静ではないですよ。

まあそうね。そういえばそうだけど、私たちが成澤さんをインタビューの対象にしたいと思ったのは、絶え間なく努力し続ける姿が立派だと思ったからですよ。周りを恨むだけじゃなくて。

試行錯誤をちゃんとしているのがすごいと思ったからですよ。

う〜ん。でもまだ、当時の社長を恨みまくってますよ。

でも同時に、それがよくないことをわかっているでしょう。自閉脳ですから恨みの気持ちは消えないと思いますよ。

絶対消えないでしょうね。

しんどくてしんどくてたまらなかったから、恨みの気持ちは消えないけれど、でも一方の自分がそれを抑えていますよね。過去のことを言っても仕方がないから、前に進もうとしている成澤さんがいるじゃないですか。

その会社でどんな目にあったかここで言ってしまいたいんですが……。

じゃあ、約束して。ここ（ホテルのカフェでインタビューしていた）では大きな声を出さない。それと、使ってはいけない言葉は使わない。いいですか？

はい。障害をカミングアウトしたのですが、努力して治していけと言われました。そして……

（以降詳細・編集部判断により略。大変強い恨みがあるということだけは理解した）

恨みの気持ちを清算できるか

やはり職場で第三者が介入して、障害の特性を説明することが必要ですね。本人が言うと、感情的に受け取られてしまうでしょう。だから第三者が必要なんです。国もそういう方向に力を入れてくれるようになってきますから、今後はそういう制度を利用してほしいですね。

ただそこで一言言いたいのは、そういう介入はきちんと、ビジネスの論理をわきまえた人にやってもらいたいということです。人権という言葉だけ振り回してやってきても、民間企業は受け入れにくいと思います。特に中小企業は。

日本は資本主義社会として繁栄してきて、その恩恵に国民は預かっているのは確かです。だから就労支援の制度設計の際にも、それをきちんと考慮してほしいです。

成澤さんのお話を聞きながら感じていたのですが、たしかにその社長のやり方は私でもうんざりするかもしれません。けれども、経営者っていうのは厳しい立場にあるんですよ。自宅を担保にして融資を受けて、それで会社を切り盛りしている人だって珍しくないわけです。多少経営が傾いても社員はお給料もらえますが、社長はもらえません。人材は経営の重要なファクターだし、そこで効率が上がらないと、社員も家族も路頭に迷わすかもしれない。毎日毎日そういうプレッシャーの中で仕事をしているんです。

たしかに成澤さんの上司だった社長のやり方は、私自身「へんなの」とは思うけど、効果がある人には効果があるだろうと思いました。熱血社長と相性のいい人もいるし、体育会で鍛えられる人もいる。ベタな精神論が確実に効果をあげる場合もあるんです。ただ、あちらがアスペルガーの特性を知らないと、特性に合わせた指導の仕方がわかるわけがありませんよね。成澤さんにはその社長のやり方が逆効果だったんですよね。

ある面、逆効果になってしまったのですね。成澤さんは、もしかしたら、率直な言い方をするとやはり職場での仕事の効率が悪かったのかもしれませんね。自分なりのやり方を通そうとしたから目立ってしまったでしょうし。事業主としたらそれは、収益にかかわる問題ですね。そうすると、どうやって効率を上げるか、その道は探ろうとするでしょうね。そこで、効率を上げろと言ったら、「自閉症だから」という答えが返ってきた。そうすると努力する前に「自分のせいじゃない」と言われた気がしたんですね。向こうにしてみると障害を盾にとって努力する気がないように思えてしまったんじゃないでしょうか。

定型発達の人も、努力や苦労をしていないわけじゃないんですよね。社会性も人間関係も、努力して得ていくわけです。でも自閉の人は、もっと努力しなければいけないのかもしれな

いし、努力してもできないのかもしれない。あるいは、違うやり方で努力しなければいけないのかもしれない。

あと、努力しているように見えないという問題もあります。実は努力しているのに、努力している顔つきができない人も中にはいます。一生懸命さが周囲に見えないんですね。それで周りがむかっとすることがある。だからそこでもやはり、通訳がいるんですよ。

通訳が双方向に必要ですよね。自閉の人の特徴を職場に伝えて、自閉の人にも世の中の仕組みを伝える。行き過ぎた熱血論だって、かならずしもいじめようとしているわけじゃなく、鍛えているつもりかもしれない。ただし、効果のないやり方で。

私から見るとあれは明らかに、追い出しでしたね。やっかいなヤツを抱えてしまったと画策していた感じでした。

日本の法律は、いったん雇ったらクビにしにくいでしょう。この法律は一見労働者を守っているようで、実は無用ないじめの原因にもなっていますよね。なんとか辞めてもらわなくてはならないから。

それでもう、私はそれを悟ったので、傷つく前に自分から辞めようと思ったんです。そのほうがダメージがいくらかは少ないと思ったんで。

社長がとった感情的な行動に対して、周りはひいていたかもしれませんよ。成澤さんはＡＳＤだから、社長がそうやって自分を責めていたらみんなも同じように自分を責めているととってしまったかもしれませんが、ふつう、職場であまりに感情的な振る舞いに出ると、周りはその人の人間性を疑うものですよ。ただ社長には権力があるから黙っていたのでしょうけど。成澤さんに同情していた人もいたかもしれませんよ。一般人って、感情的な人を見るとひきますが、不当な個人攻撃を受けている人を見ると同情するものでもありますからね。ただ自閉症スペクトラムの人は、いったん誰かがそういうと全員がそう思っていると思ってしまいがちですよね。それが、自分を苦しめがち、視野を狭めがちなＡＳＤ思考かもしれませんね。

ところで、そこには何ヶ月くらいいたんですか？

一ヶ月もないです。二週間くらいの出来事でした。

たったそれだけの期間に、そんなにいろいろなことが起きたんですね。しんどかったでしょう。

その職場では朝七時に仕事を始めて、日をまたぐこともあるような過酷な条件下にあったんで、ますます精神を引き裂く結果になってしまいました。

そうだったんですか。身体の疲労もたまっていたことでしょうね。

それ以来もう、心の中には恨みの感情しか残りませんでした。

つらかったですね。

それで、復讐してやったんですよ。

復讐することに意味があるか

どういう風に？

小説を出すことになって、新聞の取材を受けたんです。そのときに、会社での体験を話したんです。そうしたら記事になりました。会社はその記事を偶然目にして、あわてたようです。そこで、長きにわたって精神的な打撃を苦痛を受けていると会社に言ったんです。そうしたら向こうは、ひたすら無視する作戦に出て……。

無視する作戦に出たっていうことは、どうしてわかったんですか？

直接電話したんです。どうにかしてください、と。そうしたら向こうは「それは私たちがやることじゃない。医者や専門家がやることだ」という答えをしてきて……。

成澤さんとしては、どうしてほしかったんですか？

謝ってほしかったんです。あのとき私にやったことを。

謝ってもらったらすみますか？

いくらかは感情が和らいだかと思います。ですけれど向こうは、最初に障害のことを言わなかったそっちが悪い、の一点張りでした。そして、こちらが訴えてくるんじゃないかと警戒して、社会保険労務士にも相談したらしいです。その結果、最初に障害のことを言わなかったのが百パーセント悪いという結論になったようです。

入社の条件として障害等について報告するように指示されていた場合に、言わなかったのでは、相手からそういう言われても仕方がありませんね。

やっぱりそうですか。

はい。ただそのいじめの問題は、条件とは別の問題でしょう。人道上の問題はあると思います。

企業の論理を知っておくと便利

社会保険労務士に相談するというのは、別に特別な行動ではないんじゃないでしょうか。会社としては普通のリスク対策ですよね。成澤さんにやってしまったのと同じように「やり過ぎの熱血モード」で接してもこたえない人はいますよね。でも、たまたまそのことを恨みに思う人がいて、法的手段に訴えられた場合、会社として落ち度があったかどうか調べるのは、企業体として当然の防衛手段ではないでしょうか。

 法律的には「障害があったら言え」と言われていて言わなかった成澤さんが（その条件下では）悪いでしょう。でもそれとは別問題で、人間として言っていいことといけないことがあるでしょう。それを社長さんはなさったようだから、個人的な気持ちとして、あのときは悪かった、とおっしゃってもよかったかもしれない。ただそこで損害賠償請求が発生するかもしれないと、なかなか謝れないでしょう。だから成澤さんが弁護士を立てて、「損害賠償を請求しませんから気持ちの上で謝罪してくれ」と言えば、あるいは謝罪したかもしれませんね。

 そんなつもりはなかったんですよ。

 そうでしょう。でも向こうはそうは受け取らなかったのかもしれませんよ。企業が攻撃されているようにしか思えなかったのでしょう。

 企業というのは攻撃されると、身を守るものだから。そして、身を守るためには反撃することも多いから。

そして企業が身を守るというのは、別の社員とその生活を守ることでもありますからね。

謝りたくても、他の社員の生活を考えて謝れないことだってありえますよね。

そうですね。企業の論理にはそれなりに理由があるということを学んでおくと、今後の職業生活をより良いものにしようと考えていくときや、何か対処すべきことが出てきたりしたときに役立つでしょうね。だからこそ、個人的に社長に言えたらよかったかもしれませんし、そのような問題が発生しないように、サポートがあるかたちで仕事が維持できればいいかもしれませんね。それにそもそも、雇う方と雇われる方、お互いにいいかたちで雇用が成立するようなサポートがあればいいと思いますね。

考えてみます。

「社会に適応する」って？

これも関係あると思うんですが、成澤さんにとって大学が心地よかったのは、みんなよそから来た人たちだからっていうことはないですか？　都会も田舎もそれぞれいいところはありますが、都会の人間はあまり他人に立ち入らないでしょう？　それで、多少変わっている人がいても「ああいうキャラだよね」で流してくれることが多いんじゃないですか？　その距離の取り方が心地よい面はあるのではないでしょうか？

それは大いにありましたね。

職場にしたって、それぞれ文化が違うから、それぞれの職場の文化によっては、「自閉症なんです」と言ってもキャラで流してくれるところはあるんじゃないでしょうか？　腕がありそうだからとかやる気ありそうだとかまじめそうだとか、そっちを評価してくれる職場もあるんじゃないでしょうか？

それはちょっと、リスクが大きすぎますね。

今後は就労サポートが整ってきますから、面接に出かける前、まず応募するときに、第三者による説明をしてもらえるようになりますよ。だって相手側に理解がないと、たとえ職に就いたって維持するのは難しいから。結局同じことの繰り返しになってしまうし。世の中の人すべ

てに自閉症の理解を持ってもらうのは難しいし、持ってもらえたとしても、一人一人違いますしね。成澤さんを雇うところには、成澤さんの特性を理解してもらわなくてはいけません。そうするとそれを常時解説してくれる人が身近にいなくてはなりません。会社のためにもね、そう、会社のためなんですよ、こういうサポートは。

そのへんは考えるべきでしたね。

成澤さんがその会社にいたときはまだ難しかったけれども、これから職に就くときにはそういうサポートが利用できるかもしれません。

とにかく自分は、自分に残った傷を少しでも癒すために、あの会社の恥部を事あるごとに話して行こうと思います。

それが全然相手にこたえていなかったとしたらどうします？　別に会社としては、退職の経緯を新聞に載せられることが恥ずかしいと思っていなかったら？　一人、社風に合わなくて辞めていった人が悪口を言っているだけだ、でもとりあえず一応のリスク管理はしておくか、とそれくらいにしか考えていなかったら？

それに、そういうことをすると、成澤さん自身の癒しにはなったとしても、成澤さんの人格を疑われる結果にもなりかねませんよ。それよりも自分の過去の経歴を語るなら、そこから何を学んだかを伝えた方がいいんじゃないでしょうか。

世の中に訴えていきたいならば、世の中のルールは受け入れて守った方がいい場合があります。それは迎合することとは違うのです。一人でも多くの人に訴えていきたいなら、なおさらです。

成澤さんは講演に呼ばれる機会もあるでしょう。そういうときにお金を払って聞きに来た人に、自分の傷を癒すという目的で過去の愚痴をぶちまけるのはいかがなものでしょうか。それよりも、聴衆に役立つ情報を持って帰っていただくことを考えるほうがいいのではないでしょうか。そして、むしろ、その会社でのつらかった経験と会社のまずかった対応を、今後の行政システムの改善や就労サポートの際に活かしていってもらえるような手助けをしたらどうでしょう。雇用側が心がけておくべきことなどについて別の企業群に説明したりしていくという方法ではどうでしょうか？

本でも講演でも、お客様のお金と時間を無駄にしないクオリティを心がけるのが鉄則ですよね。

職場での適応努力

ところで、今の仕事をしていく上で指導とか注意とか受けるとき、どう思いますか？

依頼を受けて荷物を運ぶわけですが、依頼が無線機で来ます。これが私にはきついです。無線機は雑音が多いです。聞き取りにくく、情報を拾い上げるのが難しいんです。何度聞いても理解できなくて、それで壁にぶつかってしまいました。このあたりに来たばかりで道路事情もわからないので、仕事に難があるということになって、行く道が決まっているルートの仕事を中心にするようになりました。

聞き取れないというのは聴覚の問題ですか？　注意力の問題ですか？

おそらく聴覚だと思います。

聴覚過敏はあるんですか？

過敏はないんですけど、聞きながら情報をくみとることが苦手なんです。

同時処理が苦手だということですね。電話番を苦手にしている自閉の方も知っています。相手のメッセージは聞き取れているようですが、それを聞きながらメモにするのが難しいようでしたね。もちろんこれも人によるから、できる方もいらっしゃるでしょうが。

届け先の住所が無線機で流れてくると、それを聞きながら書くのが苦手で。これはスポットの仕事を中心にするのは難があるなあ、ということになりまして。

でも今はルート中心にできたわけですね。

合った仕事を選ぶ

ところでそもそも成澤さんがバイク便の仕事を選んだ理由ですが、バイクがお好きだったんですよね？　そして四輪の車は、逆に怖かったんですよね？

バイクが好きなところ、地図を読むのが得意なところなどを考え合わせて、バイク便という仕事を選んだんですよね？　自分の特性をきちんと見つめた判断ですよね。しかもその仕事につくため、引っ越しもしたんですよね。それまで住んでいた所には、ない仕事だったから。

得意なところを活かしてるんですね。すごくいいですね。

で、聞き取りが苦手だとわかったとき、「じゃあルートで行け」と言われたんですか？

「ルートの仕事があるけどどうだ？」と訊かれたんです。毎日決まった道の仕事だと聞いて、それはいいな、その方が向いているかな、と思いました。

聞き取りが原因で失敗したことはありますか？

今までの経験からして、聞き逃したら聞き直すことにしていて、それでなんとかやってきました。でもそれができたからといって、次の作業につながるとは限らなくて。それで、ルートを中心にすることにしたんです。ルートの場合は、無線のやりとりがないので。それに、スポット便はひとつ仕事を終えたら、一定の場所に待機するんですが、この待機の時間が不安に思えてしまいまして。いつ仕事を振られるかわからないので。その点ルートの仕事だったら時間が決まっていて、いつ振られるかの不安がないんです。

郵便屋さんみたいな仕事ですか？

それです。

別の自閉の方で、郵便局の仕事が天職だと思っている人もいますよ。自閉の方はファジーでいられなくて、なんでもきちんきちんと収まっていかないといけないですからね。その人にはパニックになると、時刻表を見せるようにしています。数字がぱちぱちあっているから。パニックになったとき、ゆっくりしたら？　というとますます不安になるんですよね。

それにバイク便は、伸びている業界なんじゃないでしょうか。新しい仕事だし。伸びていく業界は、人を吸収する力があるんですよね。人材活用に際しても、弱いところ強いところを見極める余裕があるんですよね。少子高齢化の社会の中で既存の業界はたいてい縮小傾向にあるわけで、衰退しつつある業界はどうやって人を切っていくかに一生懸命になるんですよ。そういう中では、特性を配慮してもらうのは難しいような気がしますね。そういう意味でも、バイク便を選んだのはよかったのではないでしょうか。

よかったですよね。

そうなんですけど、実は私、面接のときに障害のことを言っていないんです。

でも、前の会社と違って障害について事前申告が義務ではなかったわけですし、現時点で人間関係の問題が発生していないから言う必要もないと考える人もいるでしょうね。

そうですね。今は人間関係で悩むことはないです。

じゃあ、言う必要はないのではないかと考えていますか？

でも先ほどお話ししたスポットとルートの仕事の違いとか、そういうこともありますから。もう一年くらいしたら、伝えようと思っています。自分の障害のことを。

そうですか。会社に伝える場合のちょっとしたコツですが、第三者に入ってもらって伝える方が効果的なことが多いと言われています。この街にも障害者職業センターがあります。そういうところに依頼できたらそれに越したことはないと思いますよ。必要なら紹介しますから。

ただその際、確かめておきたいことがあります。

給料をもらうということは、仕事の効率を問われますよね。それは問題ない、と自分では思っていますか？　支援を頼む際には、その点も重要なファクターになる場合がありますが。

現職では、その点は問題ないと思っています。

余暇の過ごし方

今度は、アフター5の話を訊きたいと思います。まず、仕事は定時に終わりますか？

たまに追加を頼まれることもあります。

今、ブログの更新も週末のみですね。仕事のある日は、体力とか気力が夜には切れますか？

疲れますね。

夕食は自炊ですか？

だいたい外食です。

洗濯はいつしますか？

週に一度ですね。平日の夜は、風呂に入って酒を飲むのが日課ですね。娯楽はもっぱらパソコンです。だいたいネットを見て、夜九時に寝ます。朝がとても早いんです。午前四時には起きるので、夜は早く寝ます。

今いくつでしたっけ？

三十二です。

それいゆでも同年代の自閉症スペクトラムの人が働いていますが、その人には仕事の一部として運動してもらってるんですよ。ダンベル体操とか、散歩三十分とか。健康管理が大事ですからね。そのくらいの年になると、健康管理を考えませんか？

肉体労働なんで、そういうのは考えないですね。

でも肉体労働って、使う部位が決まっているでしょう？　そうするといびつになって腰を痛めたりしますよね。ですからそれを防ぐために、案外、柔軟体操とか有効なんですよ。そういう人に私は、ＮＨＫのテレビ体操などを勧めています。きつくないし、座ってもできるので。

私の経験から気づいたことなんですが、自閉症の人は、小さな細々とした仕事より、大きな動きの仕事の方が向いているんではないでしょうか？

大きな動きの仕事に向いている人もいるし向いていない人もいます。向いている人は大きな動きの仕事をすればいいですね。ＡＳＤの特性の一つに、身体の特性がありますが、それによりますね。成澤さんはたまたま大きな動きの仕事が得意だったんでしょう。でもどういう動きの仕事が合っているかは人によって違います。知的な遅れの重い人でも、立ったまま作業した方がいい人もいるんですよ。ときどきふらふらしたり、うろうろしたほうがうまくいく方もいるんです。それいゆの作業所でも、そういう人には、ふらふら動くことを許可しています。

それいゆにおじゃましたときに、ビーズのアクセサリーの展示を見ました。ああいうの作るのは細かい仕事ですよね。

あれはアスペルガーの成人女性が作っています。お母様たちも作っています。そういうのが得意な人もいるんですね。

子どもにも、エクササイズは有効だと言われているんですよ、教育の一部として。それで自閉症が治るわけではありませんけどね。ところで、週末はどう過ごしていますか？

そういう質問の意義が今ひとつわかりませんが……。まあ、晴れたら洗濯、食料の買い出しという感じですか。雨が降ったら室内でのんべんだらりと過ごしますね。

のんべんだらりと過ごすことは苦痛ではありませんか？

う～ん……。

どうしてこういう質問をするかというと、土日の過ごし方で苦労している人が多いからなんです。

ああ、そうなんですか。

だから、成澤さんがどうしているかを訊きたかったんです。成澤さんは平日が大変で、土日は身体を休ませるわけですね。人によっては、身体を休ませましょうというと、休ませ方がわからないと言うこともあります。ぼーっとしているといらいらするという人もいるんです。

ああ、それですね。たしかに、何もしないのは精神的に負担になります。私も、何かやっていないと落ち着かないんです。晴れた日には出かけますし、雨が降るとインターネットをします。

つまり、「のんべんだらり」と言うのは、インターネットをするということですね。やはり何もやらないのは苦手なのではないですか。お風呂入るのひとつでも、中で読むマンガを決めている人もいるんですよ。それが終わったらお風呂から出ていいという合図になるんですね。じゃないと終了の時間がわからないんです。毎日マンガがいるんですよ。

大変そうですね。どのマンガを読むか、目安立てる時間も必要ですよね。

実行機能に関連していることなのですが、何をやるにも、目安というか終わりの概念が必要なんです。そして、テレビ番組を生活の基準にしているＡＳＤの人も多いのですが、そうなると、四月など番組改編の時期には調子が悪くなります。キャスターが変わるのも、お天気お姉さんが変わるのも、ナレーションの語調がしんどいわけです。

ところで、ネット上ではどういうことをしていますか？　自閉症スペクトラムの方たちのブログのリンク集を作って、「自閉症本人日記の輪」というのを運営されていますよね？

私は単なる管理者です。参加者を正式に登録するのが仕事ですね。発足させたのは一年前ですが、今は参加者も二十余名になりました。当初は五人くらい集まればいいかと思っていたんですが。

すごいですね。あれはどうして発足したいと思ったんですか？

ブログがブームになってきたとき、自閉の当事者のブログも結構でてきたんですね。じゃあ、そのリンクを作ってみようかと思ったのが始まりです。

作って、何かメリットはありましたか？

リンク相手が増えたことじゃないでしょうか。

リンク相手が増えることにどういうメリットがありますか？

「この人たちにはこういうつながりがあるんだ」と、見る方にもわかってきますから。

将来のこと

これからどうやって生きていきますか？

いきなりすごいことをお訊きになりますね。そういうスケールがでかくて、かつ見通しがつかない質問には、どう答えていいかわからないんですが……。

では言い換えますが、今後の人生の具体的な計画はありますか？

具体的な計画なんかはありません。

当面、来年は職場で話そうかと思っていることくらいですね。

それだけです。

どういう四十代を過ごそうと思っていますか？

またまたすごいことをお訊きになりますね。下手に理想を掲げると、かなわなかったときのショックが大きいので、考えないことにしているんです。

そういう保険をかけたような思考のＡＳＤの人、多いですよね。本当は強い願いがあるけど、かなわなかった時のショックに耐えられると思えないし、かなわなかったらどうしようという不安に苛まれてしまう傾向があるから、と、希望を具体的に考えないようにするというのも、サバイバル・スキルの一つだと思いますよ。現実と自分の思いのギャップがあることを知っているんですよね。

何度もそういうことを経験しているので、何も考えないことにしているんです。かなわなかったときのショックが大きいので。

じゃあ聞かないことにしましょうね、老後の計画は。

聞くだけむだです！

一日一日やるべきことをやっていくっていう感じですか？　仕事をこなして、日々の生活の中でできる楽しみを見つけて。

そうですね。

じゃあ寝るときは何を考えていますか？　生活の達成感はいつ何に覚えていますか？

仕事を終えて、無事帰宅できたときに、達成感を感じます。

今日も一日無事にすみました、ということですね。

はい。

過去を清算する

わかりました。じゃあ、過去の失敗に学んで活かしていることはありますか？　計画を考えないとか、そういうことも過去の経験に学んだことですか？

そうですね。

感情のコントロールについてはどうですか？

感情のコントロールですか？　う～ん。難しいですね。

じゃあ、まず私の見たところを言ってみますね。成澤さんは穏やかそうだけど、まわりの人から見たら気づかないところで何かを感じて、感じたときにはかなり激しく強く感じるタイプなんじゃないかと推察するんですが。あたってます？

いやな思い・つらい思いをしたときに、決まって思い出してしまうのが、さっきお話しした前の会社で味わったつらい出来事なんですね。

それは、今の生活でつらいことがあっても、思い出すのは前の会社の出来事だということですか？

そうです。物騒な物言いですが、いまだに非常に強い恨みをもっているんです。

気持ちはわかります。でも、その恨みを行動に移してはいけません。

それはわかっています。

つらい気持ちはわかりますよ。わかります。ただ実行しなければいいです。出してはいけません。

藤家さんと話したときにも感じたことなんですが、感情のコントロールの中で、「過去のことをどう清算するか」が成人期・老齢期の生を全うするのに大きな課題なんですね。自閉の方の脳

は「忘れられない脳」だし、忘れられないだけではなくて、思いだすたびに感情が増幅されるような脳のように私にはみえます。思い出さないですむのならその方がいいし、恨みの感情をどのようにどう清算するかは大きな課題ですね。清算できるなら清算して、清算できないなら、少なくとも思い出さないで済むように、あらゆる環境と条件を整える方が賢い生き方だと思えます。

会社に謝罪を求める方向で行った方がいいかなと思っています。

私はね、成澤さんに起こった出来事と退社に関して、その会社に謝罪を求める方向性は正しくないかもしれないと思いますよ。謝罪を求めるのなら、社長さん個人ではないでしょうか。そして、本当にそうしたいなら弁護士や支援者などの第三者に間に入ってもらったほうがいいです。それをしないと、社会的には脅しにしかならないです。そして脅しは、反社会的行為です。成澤さんご自身は、元来、平和主義者であるとお見受けしました。そして、このことに関してはご自身の方が被害者だと認識しておられますよね。であるならば、一般社会から見て『反社会的行動』と位置づけられてしまうことは、けっしてやってはいけません。それは成澤さんご自身の希望とも意図とも正反対の結果なのですからね。

日本もテロ対策上、諸外国に合わせて、法律も変わってくるでしょう。発言も気をつけ

ないと、発言だけで罪に問われることになる世の中になるかもしれませんよ。

だから、弁護士等が必要になってくるでしょうね。これは本当に大切な問題、対社会的な問題になりますからね。

成澤さん自身のために、やってはいけないことはやってはだめですよ。自分の身を守るためにも、危ないことを口にしたり、行動したりしてはいけませんよ。恨みの気持ちをなくしなさいとは言わないけど、やってはいけないですよ。本当に行動に移すときには、弁護士か第三者を立てて社会的に受け入れられる行為や方法にしないとね。

社会で生きて行くってむずかしいですね。でも本当に自分の気持ちを清算をするためには、成澤さんの場合は弁護士の介入が必要になるのかもしれませんね。

でも一方で、ちゃんと事態をひもといた解説があって、それを自分の中で納得していけば、それも清算につながりますよ。恨みを乗り越えないと人間は成長しませんから。そして自閉症だって人間なんですから。

そうしなさいと言っているわけではありませんよ。そういう方法もあると言っているだけです。それがカウンセリングだと思いますから。

藤家さんにインタビューしたとき聞いた話ですが、高校の時のつらかった思い出、恨みをかなりリカバーできたのは、記憶を塗り替える経験をすることができたからだそうです。同じような内容で、成功体験ができた。そうしたら自分の中で、つらい思い出を過去のことにできたそうです。記憶は消えないけど、今に持ち越さなくなったそうです。
　そして成澤さんにも、それができると思うんですが。

できるでしょうか……。

できると思いますよ。私は信じていますよ。ただそれには、時間と、そして、自閉症に合わせた具体的な「方法論」が必要だと思います。そして、他者の助けが必要です。だから少し冷静になって、そういったことに取り組んでみることも自分のために大事かもしれません。ただ単に謝罪を求めるだけではなくて、ね。
　それと、成澤さんの場合、今の仕事や今後の職業生活を通じて、一市民として穏やかな生活を築き上げることに成功したときに、その会社での出来事と恨みの感情を清算できるのではないのだろうかと、私は考えています。

今更言ったところで、向こうが相手にしてくれるとも思えなくて、それがもどかしいんです。だとしたら多少強圧的に出た方がいいのではないかとも思えて……。

それだけはまちがってますよ。

効果がないですよ。

何度もお話しましたが、逆効果にもなりえますよ。

激情を見せられると「ひく」のは同じですよ。社長の激情に「ひいてしまう」ように、成澤さんの激情にもみんな「ひき」ますよ。

そうです。みんな同情してくれないですよ。

同情なんて求めるつもりはないです。

同情というか、共感してくれませんよ。みんな「成澤さんが正しい」とは思ってくれない可能性が高いし、相手の自己防衛のための戦闘意欲を煽るだけに終わるというリスクがありますよ。違う方法がいいです。

じゃあ今回のインタビューが載ったこの本を、向こうに知らせてやります。

あ、それはどうかな。

こういう本を出していると、自分のこれまでを本にしたいといういわゆる「持ち込みの企画」を多数いただくんですね。でもその中には、自分の私的な恨みを晴らすために出したい、という意図が多分に含まれたものもあるわけですね。自閉症スペクトラムの方たちがこれまでつらい経験をしてきたのはわかるのですが、恨みが先に立った原稿は、私はすべてお断りしています。花風社は、読者の役に立つものを作るのに時間とお金を投資します。読者も時間とお金を投資してそれを読みます。「今まで自分につらく当たってきた人に目に物見せてやりたい」というような原稿には、読者も版元も時間とお金を使う価値はないと思っていますので、私はそういうものは出版したくないんです。

私は花風社とはまた立場が違うけど、私的な恨みをパブリックな場に持ち込むのは間違っているということは言えます。成澤さんがつらかったのはわかります。社長への恨みもわかります。私も共感します。でもその恨みをどういうかたちで晴らすかは別問題です。私的な恨みをパブリックな場に持ち込み過ぎても、共感は得られません。それは個人的すぎるものだから。それでは、読者は振り向いても共感してもくれないのではないでしょうか。

読者がお金を払って時間を使って読んでくださる、という視点が欠如しているものは、商品にならないんです。だから、読者の利益より著者の都合が先に立っている原稿は本にしないことにしています。

最後にメッセージ

講演にしろ本にしろ、来てくれる人、読んでくれる人はお金を払って学びたいんですよね。成澤さんの人生から学びたいんです。

　これから私が成澤さんの人生を見守っていきたいのは、その恨みをどう断ち切るかですね。それが成澤さんの人生の成功ですよね。大金持ちになるばかりが成功ではありませんから。これから自分の心の中でどう戦っていくのか、どう折り合いをつけるか、大切な日々を過ごしていく成澤さんを、ずっと見守っていきたいです。

　今日は本当にいいお話が聞けました。最後に、青少年へのメッセージをいただけませんか？

　同じ発達障害の青少年たちに。あるいは、これだけは気づいていたほうがいいよ、ということがありませんか？

まあ、「周囲の人間を全員敵と思わないほうがいい」ということですね。

いいじゃない！　そうなのよ。

いいですね〜。

周囲の人間がみんな敵だと思わないほうがいいと言ったのは、自分自身もそう考え続けたことがあったからなんです。でもようく見回してみたら、服巻先生や浅見さんといった理解してくれる人だっているんだとわかってきたんです。だから周囲が全員敵じゃないと思えるようになったんです。

長い年月かかったけどね。ご両親は？　味方でいたい気持ちがあったに違いないと思いますよ。

自閉だという知識がないから、やり方がわからなかったとしても。

それに、次々と学費も出してくださってますよね。

さっき、成澤さんの学歴を伺って、よくもまぁ、そんなに学校に行かせて下さったものだ、それは、息子さんへの愛情の表現でもあっただろうし、親として成澤さんの支援者であり続けたいとお思いになったからに違いないと、感心していたところだったのです。

では、教師へのメッセージは何かありますか?

まあ、私は教師に対する印象があまりよくないので、メッセージ自体発したくないんですが、あえて言うなら「かまえるな」。

「かまえるな」……。深い言葉ですがそのココロは?

妙な人間だとかおかしな人間だと思わないでもらいたい、ということです。

他の自閉当事者の話を聞いても、「べき論」「学校ありき論」が先にたってしまって、理解を示さず信じられないことを言う教師がいますね。私も同じ教師だったんですが「信じられない!」と思ってしまうような言葉をぶつけられながら育ってきた人たちがいます。

教師もいっぱいいっぱいになってしまう人がいますよね。そうなると相手を非難してしまうのではないでしょうか。

なるほど、そうでしょうね。
ところで、今、ずっとつきあってきた友だちはいますか？

いませんね。

友だちがいないことが、悪いことのように言われませんでしたか？

それがいやでしたね。それだけで人間性に欠けるみたいに言われて。

同じような思いをしている自閉症スペクトラムの人は多いんですよ。私は学校で会う人は友だちの前の段階のクラスメートだと教えるようにしています。本当の友だちと出会うのは、学校時代とは限らない、と。
じゃあ、次は、今子育てをしている親へのメッセージはありますか？

うーんと、一生見守っていくくらいの気持ちでいてもらいたい、ということですね。甘やかすということではなく、いちばん身近にいて助けの手をさしのべてくれる存在であってもらいたいということですね。

それは、もしかしたら、成澤さんのご両親のことかしら？　ご両親は、障害がわかってからはずっと支援者だったのですものね。成澤さんは次々と学校に行ったわけですが、止めるわけでもなく、学費を出し続けてくださったのですもの。それだけでも、とても理解のある親御さんだとわかりますよ。

世の中には、叱りとばしたり、必要以上に制限するなど厳しいお父さんやお母さんもいますが、どう思いますか？

「厳しい」という基準が、人によって違うのがやっかいですよね。

信賞必罰という言葉がありますよね。あるときには賞を与えてあるときには罰を与える。このバランスをとってほしいです。

できないときにけなすばかりではなくて？

そうです。

親御さんから言われてきた言葉にはどう思っていますか「普通になれ」という言葉は？

それはもう今は、許容範囲です。向こうも私がどういう人間かわかってなかったんだから。

子どものときはどうでしたか？　実際にそれを言われていたときは、いやだったんじゃないですか？

自分自身でもわからなかったんだから、仕方がないことです。

ああ、ご立派ですねぇ！　ご両親のそのときの立場を考えてそう思っているのですね。ご両親がお聞きになったらお喜びになることでしょう。

成澤さんとお会いして

読者の方の中には、「こんなやりとりをすると、成澤さんが怒り出すんじゃないかしら」とハラハラして本文を読み進めた方もいらっしゃったのではないでしょうか？　実は、機能の高い人たちと会話する時、一般に礼儀だとされるあいまいな表現を使うと、こちらの意図が正確に伝わらず、会話がうまく運ばないことがあります。そのため、相手によってはわかりやすくストレートな物言いに努める必要のある場合がありますが、一般の方から見るとそれが感情を害する表現のように、責めているかのように取られるかもしれません。しかし実際には、その方がＡＳＤの人との会話においては有効なコミュニケーションスキルである場合が多いのです。

このようなわけで、私は成澤さんに対してもはっきりきっぱりした言葉を意図的に用いる必要がありましたので、定型発達の読者の方をハラハラさせてしまったかもしれないと思うわけです。ところが、成澤さんは大変素直な方で、相手の言うことが理解できれば、率直に受け止める性質をお持ちです。この対談のあと、駅までの道すがら談笑しながら一緒に歩き気持ちよく別れたのでした。その後のメールのやり取りでもポジティブな関係が続いています。

成澤さんは表情や身体の動かし方の不器用さなど、一見して「何かが違う」と相手に感じさせてしまうところがあり、福祉や教育関係をかじった人なら「機能の高い自閉症なのかもしれない」と、たちまちわかってしまうような特性をたくさんお持ちの方です。話してみても、会話がたどたどしく感じられる部分があるのです。ところが、実際の成澤さんとの会話は、他の成人当事者たちとのそれよりも比較的楽な方であるというのは、読者の人にはわかりにくいかもしれません。言葉の獲得概念が身勝手ではないし、ご自身が相手の言葉を噛み砕く努力を会話の途中にも行っていて、しかも、相手の言葉が理解できない、あるいは、理解の度合いに確信がもてない場合は、自ら相手に「今のはどういう意味ですか？」などと聞き返したり、内容をきちんと確認しながら進めるという会話のスキルをお持ちなのです。そのため会話の進み方はゆっくりであっても、メッセージの交換がきちんとできた、ちゃんと話し合えた、という達成感を相手に与えることができるのです。

これはコミュニケーション障害を持つＡＳＤ成人としては、珍しいことです。流暢な言語を話すことのできる多くのＡＳＤ当事者が、会話した後、相手に「意思の不疎通感」や「すれ違い感」を抱かせてしまいがちです。その結果、一般人にありがちなこととして、本人には何も知らせずにその人との人間関係を遠ざけ、なるべく近寄らないようになってしまうという傾向があります。それなのに、ＡＳＤ当事者の側はそういう一般人の気持ちは想定できない（対人関係の常として、基本的にはこのようなことは伝えてくれないし）から、何も問題を感じず自分には会話力があると勘違いしてしまうか、対人関係の維持ができにくい自分側の特性に気づかずに大人になってしまいます。しかも、長期にわたって継続する友だち関係はとうとうできずじまいなのです。

このような実情がある中で、コミュニケーション障害のはっきりした特性を持つ成澤さんがここまでの実践的な会話スキルを獲得するまでには、いかに膨大な努力と学習を積んでこられたのか、思いを馳せるだけでも気の遠くなるような気がして頭が下がりました。また、対人コミュニケーション領域の適切な学習を積むチャンスに恵まれなかった高機能ＡＳＤの人たちは、自分の思い込みで会話を押し切ることや、相手との会話のすれ違い具合に気のつかないことが多いのですが、その点においても、成澤さんは努力の人でした。自分の会話の弱点を把握しながら相手にあうような会話を進めようという努力を怠らない人でありました。

総じての印象で成澤さんに感心したのは、支援と訓練を受けてきたわけではないのに、自己認知のレベルが高い方であるということです。自己認知とは、より客観的に正確に自分の長所短所を把握することで、本人が家庭生活でも社会生活でも対人行動においてうまくやっていくためには欠かせない力です。ＡＳＤの人たちはメタ認知が弱いですし、セオリー・オブ・マインドという対人理解力も弱いので、対人トラブルの中で、自分自身の言動を客観的に分析するスキルを持たない人が多く、その結果として、自己の評価を誤りやすく客観的にも正確にもなりにくいという特性があります。低すぎる場合も高すぎる場合もありますが、おうおうにして身の丈の自己評価から遠い人が多いのです。そこで、私は機能の高い当事者には早い年齢から「自己認知支援」

を提供するようにしているほどです。成澤さんは、しかも、自分の弱点を直視して卑下することなく常に前向きに受け止める姿勢を持っています。

診断も遅かったし、きちんとした専門的な自己認知支援を受けていない成澤さんが、どうしてこんなに正確に近く自分の状態を把握する力が伸びたのか、不思議でなりませんでした。これは社会で一市民として穏やかに暮らすためには、大きな成功要因となりえる力なのです。

成澤さんいわく「暗黒の小中学校の時代」に言語能力の困難を悟ったのだそうです。そして、大学時代のバイトを通じて「チームワークの困難」を自覚したのだそうです。その弱点を話す際の成澤さんは取り乱したり希望を失ったりする様子はありませんでした。この結論に至るまでには相当の数の失敗とそれに伴うつらい体験を繰り返してきたに違いありません。しかし、自分が巻き込まれたその瞬間にはメタ認知は働きにくいけれども、時間の経過とともに記憶が鮮明になり事象についての客観的な分析ができるというところに、成澤さんの長所がありました。ＡＳＤの人で、このスキルをもっているケースは多くはありません。客観性は冷静さを生みます。成澤さんはは投げやりになることなく、淡々と自分の弱点を受け入れていったのでしょう。

その冷静さが、自己認知を高め、進路選択の正しさにもつながったのかもしれません。

成澤さんの進路選択を見てみましょう。大学での専攻は、自分の短所であった言語を伸ばしたくて言語学を選びました。しかし、これを職業にしようと考えていたわけでも学位にしがみついたわけでもありませんでした。大学時代に自分の長所・短所をさらに知ることになり、その情報に基づいて、就職のために資格を取りに専門学校に行きました。その資格で就職したけれども、最初の職場では、社交的な会話術や対人行動というその時点ではまだ気づいていなかった別の弱点が原因となって離職しました。そして、今、さらにその離職体験からも学んで、対人行動を必要としない、しかも自分の特異な興味関心（地図や路線）を生かした職種に挑戦し、現在のところ、今の仕事では適応の要素がたくさん観察されています。このたゆまない前向きな試行錯誤のすごさは、他の人たちにはあまり見られない特性なのかもしれません。

大卒の当事者やその保護者の中にはホワイトカラーの職種に固執する傾向も見られますが、成澤さんのように、学歴や取得資格にしがみつかないのは成功の秘訣の一つといえます。

機能の高いＡＳＤの人たちの中には大学、大学院、さらには海外留学を果たしていく人たちも出てきます。しかし、学業と就職はまた違ったスキルをさまざまな次元で要求されるものです。そのような中で、適職とは、学歴に見合ったものではない場合も多いものなのです。

暗黒のいじめ時代だったという無理解と理不尽の小中学校時代を通り抜けてきたにしては、成澤さんには高い自己肯定感があります。何かが起きても「どうせ俺はもう駄目だ」と悲観しない姿勢はどうやって形づくられていったのだろう？　という疑問は、ある面、成澤さんのご両親に会った時に、少し解けたような気がしました。

インタビューの後、あるひょんなことから、成澤さんのご両親とホンの短い時間でしたがお目にかかってお話しする機会を得たのです。お父様は非常に穏やかな感じの方、お母様は物事を楽しい方に考えるタイプの方でした。そしてご両親ともに、こう話してくださったのです。「成人して診断を受けるまでは障害とは知らなかったけれども、この子はどんなに言って聞かせてもわからなかったですので、いつからか上の子（兄）の時と同じ子育ての方法論では通用しないと悟ったのです。幼い頃には親も苛立って『ほかの子と同じように普通にやれ！』と厳しく叱ったこともありましたが、それじゃこの子は伸びないと悟ってからは、この子らしさが生かせるように楽しんで毎日を送ることができるようにと考えて接してきました。社会での言動など教えるべきことは教えるけれども、基本的には本人のやりたいことは止めたりせず、彼にも考えがあるのだからと指図がましいことは言わないようにしてきました」。


「ああ、これか！　彼の自尊心を守ってきたものは。」

もちろん、ご両親の存在だけが理由ではなかったかもしれないけれど、重要な一つの要素であったことは間違いないと思いました。

学校でいじめに遭っていた時も両親はとことん彼の側に立ってくれた、言葉がうまく操れないときも叱ったりせずにじっくり聞いてくれた、大学を選んだ時も付随する他の要素のこと（一人暮らしのこととか）でまだ起きていない出来事の心配をしすぎて反対したりしなかった、大学卒業後に就職しなくても「この年になってまだ働いてないのか！」と責めなかったどころか、その後資格取得の専門学校に進むときも、「彼の道探しにとことんつきあう」つもりで黙って費用を出してくれた、というのです。

親は時に子ども自身が先のことをあまりにも考えていないように思えて、また、子ども自身が世の中の厳しさをあまりにも知らな過ぎるように思えて、あれこれと口出しをしてしまいがちなものです。成澤さんのご両親の場合は、そこは賢く口に出さずに注意深く見守ってきたようでした。「彼には話しても通じなかったですし、私たちが彼に役立つことといったらはずっと見守り続けることくらいしかなかったのです」と苦笑いしながら話してくださいました。親の体面や面子という感情は、きっとこの子には理解が難しいしただ負担なだけだろうと感じ、それがわかってからはいっさい、親の期待を押し付けることはしないできた、ということのようでした。

成澤さんの成育歴をすべて調べたわけではないので、ほかにも要因があるのかもしれないのですが、成澤さんは少なくともそういった親からの過大な期待と叱責によるプレッシャーによって自尊心を傷つけられた経験が少なかったということは言えるようでした。それどころか、どんなときも、黙って、あるいは、じっくり話を聞くという姿勢で、ご両親が常に彼の存在を家庭で温かく受け止めておられた。つまり、本人はその時点では気づいていなかったのだろうけれども、一日の終わりには、自分を信じてくれる人たちに囲まれた居心地の良い家庭で心を休めることができていた、というわけなのでした。学校でストレスフルな生活を送っている子ども達には、家庭で心が休まるかどうかというのは、心理的な部分で大きな違いがあると思われます。社会の無理解と闘っている一方で、親の存在がトラウマになっている成人のＡＳＤ当事者も多いのです。

今、成澤さんは、実家から離れて独立した生活を送るようになっても、定期的に両親と電話で話しているそうです。多くの場合本人からの一方的な話で、聞き手になる親はうなずくだけで終わるらしいのですが、そうして話して聞いてくれる、全面的に受け止めてくれる存在を彼はずっと持っていたわけなのでした。いろんなことがうまく行かないのはなぜか、彼自身が考え自分で分析していた間も、成澤さんのご両親は「こうすれば？」「ああすればいい」と教えたいのを我慢して、本人自身が到達するまでじっくり黙って聞いて、成澤さんの自己分析や現状分析をじっと聞きながら「そうなのだよ」と思う事柄には心からうなずき、適切ではない考えの場合もまずは黙って聞くようになさってきたに違いない。良かれと思って「そうじゃないよ」と教えるだけでは、ＡＳＤ者は自分自身の全存在を真っ向から否定されたと強烈に受け取ってしまいがちだということを、ご両親は成澤さんを育てた経験から学ばれていたのです。学校や外では心で闘っているのに、自宅に戻って親からまで全否定の接し方をされていたら、二十四時間気の休まる時がなくなり、「自分の居場所はどこにもない」と感じた子ども達の自尊心はズタボロになっていくものなのだから。私はどれほど多くのそんな状態の子ども達に出会ってきたことか……。

ご両親との面会の後日、お父様からメールをいただきました。「これからも妻ともども、成澤のサポーターに撤するようにと心に決めています」とのことでした。しかし、親の愛や子育て姿勢というものは、子どもの目にははっきりとは映らないものです。ですからおうおうにして、子ども側はあまり自覚せず、よほど自分か親が年とってきてから、しみじみとわかってくるものです。成澤さんは現時点でどのくらいご両親のありがたさを感じているのかなと、今度会ったら聞いてみたい気がしました。

さて、前向きな生き方を持っている成澤さんですが、ご両親も心配されていたことの一つとして、ほかにも多くの成人当事者が直面している「過去の出来事に起因する恨みの感情をどう乗り越えるか」という問題を抱えていました。しかも、そのネガティブで忘れられない記憶となったつらい体験というのは、たったの二週間の間のことだったというのです。その二週間が、その後の人生をすっかり変えてしまうほどのもので、のちのうつの原因ともなりました。私のクライアントにも数多くの成人当事者がいますが、こういった恨みの感情を伴うネガティブな記憶をもつ人たちは少なくありません。そのほとんどが特定の他者を対象に恨みの感情を持っています。そういった過去をどのように清算して、恨みの感情を自分の中で断ち切るか、後ろを振り返らず前を向いて自分の人生に取り組んでいく精神状態を保つことができるか、「忘れられない脳」を持つＡＳＤ成人支援においては、今後も大きな課題となっていくことでしょう。

あとがきに代えて
今回の対談スタイルと「自己認知支援」について

この本の企画は、ＡＳＤの成人で地域生活を送っている人たちのうち、メディア等で発信したいけれどもその手段を持たない人たち、あるいは事情があってメディアを使っての発信が難しい人たちを対象に対談形式でお話を伺おうという意図のもとに始めました。また、シリーズ第一巻となる本企画では、藤家寛子さんや成澤達哉さんというすでに著作の出版を経験した方にインタビューという相互作用が発生する場に参加していただいて、自叙伝等とはまた違ったお話を聞き出すことも目的でした。

こうしたインタビューにより、生来の特性ばかりではなく、生育歴や環境にも影響を受けている当事者の皆さんの多様なありようと実情を世に発信し、今後どのような支援が必要とされるかということを浮き彫りにしたいという願いもあって動き始めたのでした。

対談といっても、対人関係と相互コミュニケーションを中核障害として持つ人たちと会話をするのですから、お話を引き出すために、戦略を立てる必要がありました。自閉症者との会話については、多くの臨床心理の現場で採用されているカウンセリングの方法が不向きであるという報告が、専門家からも受益者側の当事者からも上がってきています。そこで、以下の四つの方法を採用しました。

① 事前に、対談目的を知らせておき、発言内容の整理をしておいていただく。

② 事前に、質問事項を知らせておき、それに基づいて回答を準備しておいていただく。しかし、対談相手の特性によってはこの限りではない。

③ 対談協力者がコミュニケーション障害を持っていることを考慮し、対談を文字にした段階で、本人に本文に目を通していただき、対談中に言い間違ったこと、言い忘れていたこと等について、修正加筆するチャンスを提供する。

④ 対談中、一人ひとりのソーシャルコミュニケーション力や概念形成、認知力に応じて、ただお話をうかがうだけではなく、必要な情報提供や概念形成等随時自己認知支援を実施する。

特に、④についてご説明しておきます。私はこれまでの臨床経験から「ASD当事者への支援」について私なりの考え方を持っていて、これを「自己認知支援」と名づけ、九〇年代半ばから実践を展開してきました。本人への障害告知を軸にするものです。今回の対談スタイルにもその「自己認知支援の方法論」を適用しています。私のやり方は、従来のカウンセリングの手法を採用している方々から見ると不評を買う場合もあるのですが、「教えてもらわないと自然に学ぶことは難しい」という学習特性を持っているASDの方たちには、その場できちんと訂正なり指導なりを提供することが、大変重要な自己認知支援方法だと考えているのです。ですから、今回の対談の途中でも、「言うべきことだと思ったらタイミングを逃さず伝える」姿勢を持って臨んだのでした。たとえ多くの人の目に触れる本になるような場合であっても、タイミングを逃さず指導が必要と考えているからです。

たとえば、ＡＳＤの人たちはふとしたことで「思い込み」を抱くことがあり、いったん思い込んだら考えを変えることが難しいことが多いようです。具体的な例を挙げると、会話の最中にこちらが言い（指導するタイミングを）逃したら「肯定された」と思い込むことも多いということを私は体験的に学んでいます。中には、「この相手は、私のこのあり方考え方を認めてくれた」と独り合点し、後先を考えずに公的な場やネットなどのメディア等でも発言するに及んでしまう場合もあります。内容は後日訂正すればすむことですが、本人達にとってその事実と経緯が良くない方向に働き、つらい経験となる場合も多かったのです。それ以来、これがＡＳＤ者の脳の機能の仕方の一つなのだと肝に銘じて、タイミングを逃さずに「考え方として違う方向に持って言ったほうが良いよ」とか「その理解の仕方は一般とは異なるよ」、「こういうふうに考えたほうが良いよ」というコメントをその場でストレートに伝えるよう心がけるようになったわけです。

これはある面で教育的指導であり、従来のカウンセリング手法とは異なる私なりの自己認知支援法の重要な柱なのです。その結果、対談らしい対談に終らず、結構お説教っぽく感じられる方もいらっしゃるかもしれません。そのためには必ずその人のＡＳＤの特性について率直に具体的に脳機能からときほぐして解説すること等も、私の自己認知支援の重要な柱の一つに位置づけてきました。協力してくださる本人の利益や今後のためには、この企画においてもこの方法を採用することは重要なポイントであったわけです。対談相手の御三方はＡＳＤ特有の率直さ、素直さで、快く私の対談スタイルを受け入れてくださいました。

今回は、花風社の浅見淳子さんが企業経営者の立場から参加していただき、一般社会人からのものの見方や感じ方、意見を対談中に発言していただいたことも大きな意味があったと思っています。対談内容を多角的に深めることができ、協力していただいた当事者の方々の役にも立ったことでしょう。浅見さんの視点は、私にも大変参考になりました。

用語の使用についてですが、診断名・障害名である自閉症スペクトラム障害について、本文中には以下の用語が出てきます。

「自閉症スペクトラム」「高機能の自閉症」「自閉症」「アスペルガー症候群」「アスペルガー障害」「アスペルガー」「ＡＳＤ（自閉症スペクトラムの略表記）」「ＡＳ（アスペルガー症候群、アスペルガー障害の略表記）」

以上のすべてを、口語としては同レベルに位置づけて対談相手との会話中に使用しましたが、それは、それぞれの対談相手の用語や理解に合わせて柔軟に対応した結果です。専門家の中には

ＤＳＭなどの基準に従い自閉症とアスペルガー障害を分けて考えるグループもありますが、この対談企画の中では同列の仲間として使用しました。

この対談にご協力いただいた、藤家寛子さん、風花さきさん、そして、成澤達哉さんには大変感謝しております。たくさんのことを学ばせていただきました。今回の対談そのものが御三方にとっても社会の理解や人間としての成長に何か意味のあるものとなれば、これほど嬉しいことはありません。御三方の来し方や対談内容が読者の皆さんが身近にいるＡＳＤの人たちを理解し、支援していく道を探る際に何らかのお役に立てれば幸いです。

〈著者紹介〉

服巻智子（はらまき・ともこ）

教育家。それいゆ相談センター・センター長（それいゆ相談センターは、佐賀県にある自閉症特化型支援機関〈NPO法人それいゆ〉の相談部門）。

英米両国で自閉症支援を学んだ経験を生かして、乳幼児から老齢期までの発達障害をもつ人たちとその家族の教育・福祉支援にあたっている。また、自閉症専門家の専門性向上と、支援者の育成をめざし、発達障害者の啓発やノウハウを伝えるセミナーを日本各地で開催している。

訳書・著書に『お母さんと先生が書くソーシャルストーリーズ』（かもがわ出版）などがある。NHK教育テレビにもしばしば登場。

NPO法人それいゆURL：http://npo.autism-soreiyu.com/

●直接のお問い合わせは、メールかファックスでお願いします。
お問い合わせメールアドレス：info@autism-soreiyu.com
ファックス番号：0952-36-8752

自閉っ子、自立への道を探る

2006年8月22日　第1刷発行
2007年2月17日　第2刷発行

著者　服巻智子

装画　小暮満寿雄

デザイン　土屋 光（Perfect Vacuum）

発行者　浅見淳子

発行所　株式会社 花風社
〒106-0044　東京都港区東麻布3-7-1-2F
Tel：03-6230-2808　Fax：03-6230-2858
E-mail：mail@kafusha.com　URL：http://www.kafusha.com

印刷・製本　新灯印刷株式会社

ISBN978-4-907725-68-6